2040년이 보이는

미래 사회 설명서 2

한국미래전략연구소W 박기홍 지음

2040년이 보이는 미래 사회 설명서

초연결사회의 도시와 주거

2

들어가며

도시의 미래는 곧 우리의 미래

2019년 12월 중국에서 처음 발생해 세계적으로 번진 전염병 코로나바이러스감염증-19는 우리 일상에 엄청난 변화를 가져다주었습니다. 사실 우리가 사는 세상은 끊임없이 변화하고 있지만 평소에 그 변화를 실감하기는 힘듭니다. 하지만 이렇게 커다란 사건이 변화의 속도를 가속시키면 그 과정에서 우리는 불현듯 새로운 것을 깨닫기도 합니다.

이전까지 우리가 선진국이라고 생각했던 나라들이 코로나 대처에 어려움을 겪으며 우리의 방역 체계를 모방하는 것을 보면서 저는 우리나라가 선진국에 도달했음을 피부로 느꼈습니다. 하지만 우리나라의 경제 규모가 세계 11위여도, 아이돌 그룹 방탄소년단BTS의 신곡이 빌보드 차트 정상에 올라도, 봉준호 감독의 영화 〈기생충〉이 아카데미 시상식에서 4관왕을 휩쓸어도 여전히 미국, 일본, 유럽이 우리가 본받아야 할 선진국이라는 생각이 머리를 떠나지 않는 기성세대가 여전히 많습니다. 미국의 주간지 〈뉴요커〉The New Yorker에 실린 한 기고문에서는 이것을 '국가 열등감'이라고 표현했습니다.

어쩌면 기성세대의 이런 반응은 자연스러운 것일지도 모릅니다. 변화는 기하급수적으로 일어나는 데 비해 우리의 생각과 태도는 그 변화를 빠르게 따라잡기 어렵기 때문입니다. 특히 기술 분야에서는 이러한 현상이 심합니다. 어떤 혁신적인 기술이 탄생할지 예측하는 것과 그 기술이 가져오는 세상의 변화를 자연스럽게 받아들이기는 쉽지 않습니다.

우리나라의 1인당 국민소득이 120달러였던 1964년 경희대학교에서는 재학생 1,000명을 대상으로 미래 사회에 대한 설문 조사를 벌였습니다. 많은 학생은 국민소득이 1999년에는 300달러, 2049년에는 500달러가 될 것이라 예측했습니다. 하지만 실제로는 1999년에 9,000달러, 2019년에는 3만 달러가 넘었습니다. 당시 누군가 앞으로 우리나라의 국민소득이 1만 달러를 넘을 것이라 주장했다면 사람들은 어떤 반응을 보였을까요? 대부분은 황당하다며 웃어넘겼을 것입니다. 사람들은 100이라는 숫자가 200, 300이 되는 것은 쉽게 예측하지만 1,000이나 10,000을 상상하기는 쉽지 않습니다. 우리가 예측할 수 있는 미래의 모습은 우리 상상의 영역 안에 있고 우리의 동물적 본능이 그 영역을 넓히는 것을 방해합니다. 이 영역을 넓히기 위해서는 연습이 필요합니다. 연습 방법은 미래의 모습을 최대한 다양하게 그려 보는 것입니다.

미국의 저명한 미래학자 짐 데이터Jim Dator 교수는 미래란 정확히 예언할 수 있는 것이 아니라 여러 가지 다양한 대안 미래들을 상상하는 것이며, 그 가운데서 우리가 바라는 미래를 찾아 끊임없이 만들어 나가야 하는 것이라 말했습니다. 우리가 상상할 수 있는 미래의 모습이 다양할수록 우리가 실제로 만들어갈 수 있는 미래의 폭도 넓어집니다. 저는 대학원 시절 데이터 교수의 강의를 접하고 마음에 큰 울림을 받아 지금까지 청소년 여러분에게 다양한 미래의 모습을 상상할 수 있도록 도움을 주는 활동을 하고 있습니다.

이 책《2040년이 보이는 미래 사회 설명서 2: 초연결사회의 도시와 주거》에서는 도시와 주거에 관련한 다양한 미래 트렌드와 가능성을 담았습니다. 청소년 여러분의 눈높이에 맞추어 가능한 한 쉽고 재미있는 예를 들기 위해 고민했습니다. 책을 크게 세 부분으로 나누어 도시에 영향을 끼치는 환경문제, 주택을 포함한 도시 인프라와 경제문제, 도시에서 살아가는 사람들의 다양한 생활 모습을 각각 다뤘습니다.

도시는 우리나라 인구의 90퍼센트가 사는 공간입니다. 전 세계인의 절반이 거주하는 공간이기도 합니다. 그렇기에 도시의 미래란 곧 우리 자신의 미래라고도 할 수 있습니다. 흔히 '도시' 하면 떠오르는 개발과 보존이라는 단순한 이분법적 사고를 넘어서 여러 변화에서 생겨날 다양한 가능성을 고려해 보기를 바랍니다. 이 책을 읽으며 도시를 다양한 관점에서 바라볼 때 생길 수 있는 좋은 변화와 나쁜 변화, 문제와 해결책을 떠올려 보면 좋겠습니다.

한 걸음 더 나아가 다소 황당하지만 그럴듯한 미래의 모습들을 상상해 볼 수 있기를, 그 가운데 나는 그 미래의 어떤 모습이 마음에 드는지 또는 마음에 들지 않는지, 그 미래를 살아가려면 나에게 어떤 능력이 필요할지, 내가 바라는 미래를 만들어 가려면 어떻게 해야 할지 생각해 보는 계기가 되었으면 합니다. 짐 데이터 교수가 말한 것처럼 정말로 미래를 바꾸는 큰 변화는 당시 사람들이 보기에는 너무나 황당하니까요.

여러분의 부모님에게는 걸어가야 할 길이 있었습니다. 우리보다 앞선 나라들의 뒤를 부지런히 쫓아가기만 하면 되었습니다. 지금보다 잘살기 위해서는 한눈팔지 않고 그 길을 열심히 걸어가기만 하면 되었습니다. 이제 우리는 그 길의 끝에 와 있습니다. 앞으로 우리는 아무도 가지 않은 새로운 길을 걸어가야 합니다. 그 길은 곧 여러분이 만들어 가는 각자의 미래의 모습인 동시에 우리의 미래가 될 것입니다. 그 길의 모습은 우리가 어떤 가치를 택하거나 포기하는지에 따라 달라질 것입니다. 여러분의 선택에 이 책이 조금이나마 도움이 되기를 바랍니다.

2020년 5월 박기홍

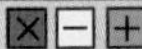

차례

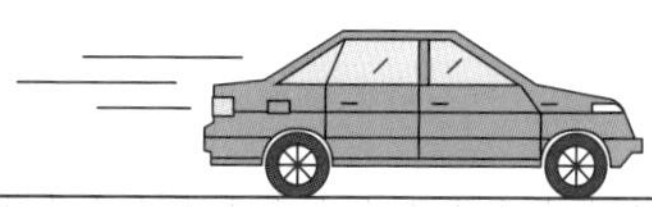

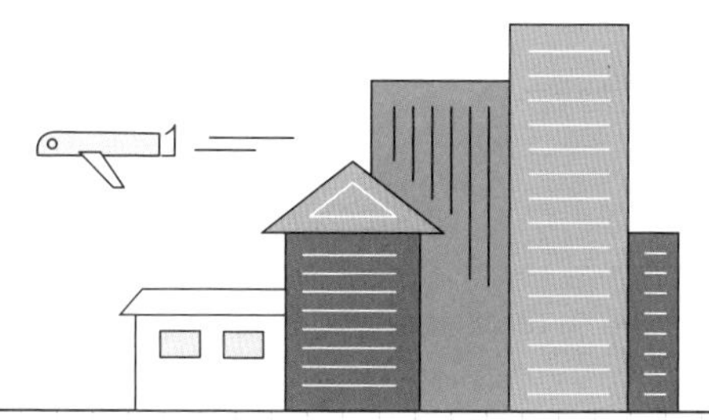

1부

도시와 환경

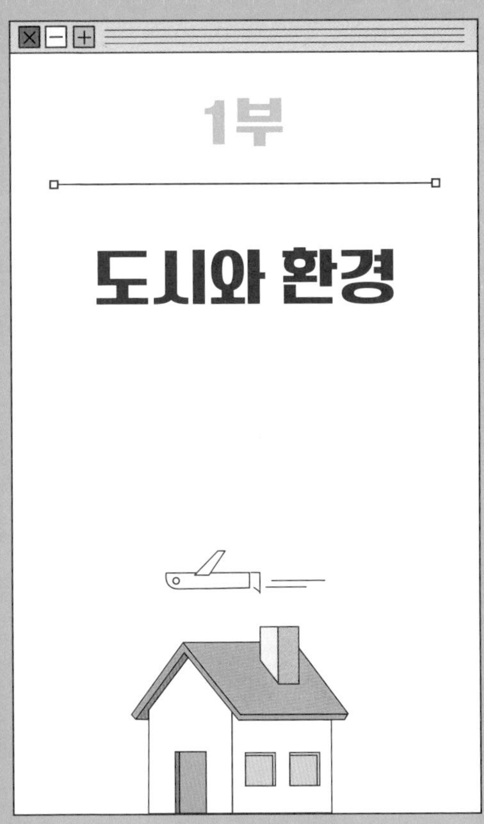

미세먼지는 미래에도 위협이 될까?

2040년 1월 10일 다른일보 이미래 기자

석유자동차 운행 금지… 주민 분열

2040년 1월부터 서울시에서 시행하는 '미세먼지 특별 대책'을 두고 사람들의 의견이 갈리고 있다. 서울시에서는 2020년 이후 점점 나빠지고 있는 미세먼지 수준을 2050년까지 낮출 계획이다.

목표는 연간 미세먼지 나쁨일수를 10일 이내로 낮추는 것이다. 이를 위해 전기나 수소자동차가 아닌 화석연료 자동차의 운행은 모두 제한한다. 또한 석유나 가스보일러를 사용하는 가정에 미세먼지세를 부과하고, 수소 연료 보일러로 전환하면 보조금을 지급한다. 더불어 기존 화력발전소의 운행을 멈추고 향후 10년 내 서울시의 생산 전력을 100퍼센트 친환경 에너지로 전환한다. 서울시는 이러한 방침을 발표하고 올해부터 전격 시행에 들어갔다.

이를 반기는 주민들은 "지금처럼 무분별하게 화석연료를 사용한다면 절대 미세먼지 문제를 해결할 수 없다. 조금

불편하더라도 적극 동참하겠다"며 서울시의 정책을 지지했다.

한편 이번 정책을 반대하는 한 시민은 "아무런 대책도 없이 갑자기 쓰던 차를 수소자동차로 바꾸라는 것은 가진 사람들만을 위한 정책이다. 겨우 1억 원의 보조금으로 어떻게 차와 보일러를 모두 바꿀 수 있겠는가. 이건 돈이 없는 사람들은 차도 타지 말고 집에 난방도 하지 말라는 거다. 이래서 어떻게 살라는 말이냐"며 기자에게 거칠게 항의했다.

미세먼지는 언제부터 있었던 걸까?

언제부터인가 미세먼지가 많아져 아이들이 바깥에서 마음껏 뛰어놀기 어려워졌습니다. 집 안 창문을 열어 두기도 어렵습니다. 시골에서 올라온 할머니는 "예전에는 하늘이 얼마나 맑았는데!"라며 한숨을 쉽니다. 정말 과거에는 우리나라 공기가 깨끗했을까요?

결론부터 이야기하자면 '그렇지 않다'입니다. 미세먼지는 기본적으로 석탄, 벙커C유, 경유 등 재래식 화석연료 사용으로 생깁니다. 친환경 연료에 관심이 없었던 옛날에는 미세먼지 농도가 지금보다 훨씬 더 높았을 것입니다. 다만 예전에는 미세먼지 농도를 따로 관측하지 않았기에 그 기록이 없을 뿐입니다.

우리나라는 1984년부터 공기 중의 먼지양을 측정하기 시작했습니다. 그중에서도 미세먼지는 입자의 평균 크기가 10마이크로미터 μm, 미터의 100만 분의 1에 해당하는 길이 이하인 먼지를, 초미세먼지는 입자 크기가 평균 2.5마이크로미터 이하인 먼지를 가리킵니다. 미세먼지를 측정하기 시작한 1995년부터 2010년대까지 미세먼지 농도는 꾸준히 줄어들었습니다.

흥미로운 사실은 과거에는 미세먼지보다 가스를 더 큰 문제로 여겼다는 점입니다. 가정에서 연탄불을 피우던 시절에는 겨울철마다 일산화탄소 중독 사고가 큰 골칫거리였습니다. 또 아황산가스로 인해 내리는 산성비가 큰 문젯거리로 여겨지던 시절도 있었습니다. 이처럼 우리가 살아가는 모습이 변하면서 우리를 둘러싼 환경이 바뀌면 우리의 삶도 그에 따라 달라집니다.

세계 각국의 미세먼지 농도

미세먼지 농도는 우리나라의 소득수준이 높아지고 친환경에 대한 관심이 커지면서 2010년대 들어 계속 줄어들었습니다. 하지만 최근 몇 년간은 일정 수준을 유지하면서 좋아질 기미가 보이지 않고 있습니다. 미세먼지는 환경을 오염시키는 여러 가지 요소 중에서도 우리 국민들이 첫손가락에 꼽습니다. 건강을 위협하는 주요 원인으로 고혈압, 흡연, 당뇨, 비만과 함께 꼽히기도 합니다. 2015년 한 해에만 전 세계 420만여 명이 초미세먼지로 건강이 나빠져 사망했습니다. 미세먼지는 생태계에도 치명적입니다. 미세먼지에 오래 노출되면 번식률이 떨어져 개체 수 감소로까지 이어질 수 있으며 심지어 유전자까지 변화시켜 생명체의 성장을 더디게 하고 질병을 일으킬 수 있습니다.

미세먼지 농도는 지리적 요건과 주거 환경에 영향을 받아 달라집니다. 예를 들어 러시아는 인구밀도가 낮고 1년 내내 강수량이 고르

미세먼지는 건강을 위협하는 주요 원인으로 꼽힙니다. 우리는 언제쯤 미세먼지로부터 자유로워질 수 있을까요?

며 넓은 지역에 산림이 우거져 있습니다. 그래서 똑같이 땅덩이가 넓은 중국에 비해 미세먼지 농도가 훨씬 낮습니다. 그런데 우리나라는 좁은 도시에 많은 인구가 모여 살고, 사계절 중에서도 주로 여름에 비가 많이 내리며, 서쪽에는 사막과 산업 지대가 많은 중국이라는 나라가 있어서 미세먼지에 몹시 취약한 지리적 조건을 갖추었습니다. 전문가들은 편서풍을 타고 중국에서 날아오는 미세먼지가 국내 미세먼지의 30~50퍼센트를 차지하는 것으로 보고 있습니다.

세계에서 미세먼지가 가장 심각한 곳은 어디일까요? 세계보건기구WHO, World Health Organization의 2016년 자료를 보면 네팔이 1세제곱미터당 평균 농도 94.3마이크로그램으로 가장 높습니다. 그리고 카타르, 이집트, 사우디아라비아 등의 중동 국가들과 인도, 방글라데시와 같은 남아시아 국가들이 10위 내에 자리합니다. 반면 북유럽, 오세아니아, 북아메리카의 국가들은 미세먼지가 적습니다. 앞서 말한 대로 미세먼지를 일으키는 가장 큰 원인은 화석연료입니다. 한창 산업화에 매진하는 중동이나 남아시아, 아프리카, 남미 등은 상대적으로 미세먼지 농도가 높고 북유럽이나 북아메리카 등은 비교적 낮은 것입니다. 미세먼지가 심각한 나라로 우리가 걱정하는 중국은 16위이며 한국은 70위입니다.

미세먼지로 뒤덮힌 서울의 하늘입니다. 2017년 서울시는 각계 전문가와 시민사회의 다양한 의견을 수렴한 미세먼지 대책을 만들어 발표했습니다.

미세먼지 문제는 해결될 수 있을까?

미세먼지로 우리의 생활은 크게 바뀌었습니다. 요즘 아이들은 바깥에 나가 뛰어 놀기 어려워져서 실내에서 생활하는 시간이 크게 늘었습니다. 각종 실내 놀이 시설이나 테마파크의 인기가 높습니다. 감기에 걸렸을 때나 사용하던 마스크가 이제는 일상의 필수품이 되었습니다. 아파트에는 창을 열지 않고도 환기를 시킬 수 있는 열 교환 시스템을 의무적으로 설치해야 합니다. 그럼 앞으로의 세상은 어떻게 변할까요?

우리는 미세먼지로부터 자유로워질 수 있을까요? 그 답은 알 수 없습니다. 미세먼지를 줄일 수 있는 가능성도 있고 그렇지 못할 가능성도 분명 존재합니다. 우리가 미래를 정확히 맞힐 수 있는 방법은 없습니다. 미래를 예측할 때 섣불리 확신하는 것은 위험합니다. 그보다는 다양한 미래의 가능성을 생각해 보는 것이 훨씬 더 중요합니다. 미세먼지 농도에 영향을 줄 수 있는 가능성에는 어떤 것들이 있을까요?

먼저 우리 사회에서 미세먼지를 줄이기 위해 어떤 노력을 할 수 있을지 살펴봅시다. 2017년 5월 서울시에서는 시민 3,000명이 모여 어떻게 하면 미세먼지를 줄일 수 있을지 의견을 나누는 토론회가 열렸습니다. 주부, 어린이, 전문가, 환경 보호 단체 활동가 등 다양한 사람들이 광화문 광장에 모였습니다. 그리고 미세먼지를 막기 위해 어떤 정책이 필요할지, 어떤 일을 구체적으로 할 수 있을지 열띤 토론을 벌였습니다. 서울시는 이를 바탕으로 '미세먼지 10대 대책'을 만들어 시행하고 있습니다. 이러한 거버넌스는 점점 중요해지고 있습니다. 시민사회가 미세먼지를 줄일 방법을 나누고 실천을 격려한다면 미세먼지를 없애는 데 긍정적 영향을 미칠 것입니다.

한편으로 미세먼지를 줄이기 위해서는 시민들이 어쩔 수 없이 불편을 감수해야 합니다. 하지만 세상은 점점 더 빠르고 편리하게 변

서울시 미세먼지 10대 대책

1. 미세먼지에 취약한 계층65세 이상 노인, 어린이, 호흡기 질환자 등에 보건용 마스크를 주는 등 시민 건강을 위한 보호 조치를 강화합니다.
2. 초미세먼지의 농도가 2시간 이상 높을 때 미세먼지 주의보를 내립니다.
3. 미세먼지가 심하면 서울시장이 단독으로 비상 저감 조치를 발령할 수 있게 합니다.
4. 시민참여형 차량 2부제를 실시하고, 출퇴근 시간에 대중교통 요금을 무료화합니다.
5. 서울 도심 내4대문 안 공기를 오염시키는 차량의 운행을 제한합니다.
6. 건설 현장의 낡은 기계를 저공해화하기 위해 수리하고, 친환경 건설 기계 사용을 의무화합니다.
7. 서울시 건축물에 친환경 보일러와 저녹스 버너 보급을 의무화합니다.
8. 미세먼지 대응 연구개발을 확대합니다.
9. 서울, 베이징, 도쿄, 울란바토르 시장이 참여하는 동북아 수도 협력기구를 설치합니다.
10. 정부 및 지자체가 공기를 깨끗하게 관리하기 위해 협력하는 등 환경 외교를 강화합니다.

거버넌스Governance

기업이나 정부가 일방적으로 통치하는 것이 아니라 사회 내의 다양한 기관과 단체, 시민 사회가 함께 참여하는 국정 운영을 뜻합니다. '협치協治'라고도 부릅니다.

해 가고 있습니다. 그런 세상에 익숙해져 있는 사람들이 과연 불편함을 참으면서까지 이런 활동에 동참할 수 있을지는 의문입니다. 이처럼 미래 사회는 미세먼지 해결에 동참하는 사람들의 작은 행동에 큰 영향을 받을 것입니다.

대규모 인공 구름부터 수소 경제까지

과학 분야에서도 미래를 예측해 볼 수 있습니다. 미세먼지를 막기 위한 여러 과학기술도 시도되고 있습니다. 중국에서는 시안西安시에 커다란 공기정화탑을 만들어 실험했습니다. 이 공기정화탑은 축구장 절반 크기의 온실과 배출 탑으로 이루어져 있으며 그 높이는 무려 100미터에 이릅니다. 수개월 동안 공기청정기를 가동했더니 근처 10킬로미터 반경의 미세먼지 농도가 15퍼센트 떨어지는 효과가 있었다고 합니다. 우리나라도 중국에서 서해를 건너 날아오는 미세먼지를 막기 위해 인공 구름을 이용한 대규모 차단벽을 실험했으나 비용이 너무 많이 들어 실제로 세우는 것은 포기했습니다.

사실 미세먼지를 막는 궁극적인 방법은 미세먼지를 만들지 않는 에너지를 쓰는 것입니다. 앞서 말했듯이 미세먼지의 대부분은 경유를 사용하는 차량, 건설 기계, 난방, 에너지 발전으로 생겨납니다.

모든 사람이 전기나 수소자동차만 타고 친환경 에너지만 쓴다면 미세먼지 문제를 싹 해결할 수 있을 것입니다. 수소자동차는 수소 탱크에서 나온 수소와 공기 중의 산소가 만나 만들어진 전기로 움직이며 오염물질을 전혀 배출하지 않습니다. 오히려 주변 공기를 정화해 '움직이는 공기청정기'로 부르기도 합니다.

우리가 현재 사용하는 석유 기반의 에너지가 수소 기반으로 바뀔 가능성도 있습니다. '수소 경제'라 부르는 이 방식은 먼저 태양광발전을 하기 좋은 지리 환경을 갖춘 나라에서 전기를 대량으로 만듭니다. 그다음 생산된 전기를 이용해서 수소를 암모니아와 같은 운반 가능한 액체로 바꾸어 전 세계에 공급합니다. 수소 경제가 이루어지면 호주와 같은 나라가 현재의 산유국처럼 되고 암모니아를 실은 수소 운반선이 현재의 유조선처럼 전 세계를 누비게 됩니다. 일본은 이미 국가 에너지 체계를 수소 경제로 전환하는 계획을 수년 전부터 연구하고 있습니다.

이러한 친환경 에너지를 실제로 도입하려면 경제적인 부분을 고려하지 않을 수 없습니다. 태양광발전이 미세먼지를 줄이는 데 도움이 된다고 해도 석탄 발전보다 전력을 만드는 데 돈이 더 든다면 도입은 어려워집니다. 또한 태양광발전에 드는 돈은 효율을 높이는 첨단 기술혁명이 큰 영향을 미칩니다. 또한 모든 국가가 첨단 기술을 공유할 수 있는지에 대한 논의는 정치외교적인 영역입니다.

태양광발전이 석탄 발전보다 저렴한 국가는 2018년 기준으로 전

인도 남부의 텔랑가나주에 위치한 대규모 태양광발전소입니다. 인도는 태양광발전에 매우 유리한 지리 환경을 갖추었습니다.

세계에서 인도뿐입니다. 이것이 가능한 이유는 인도는 태양광발전소를 세울 수 있을 만큼 땅덩이가 넓고, 기후 여건도 좋은 데다 인건비도 낮기 때문입니다. 인도에서 태양광발전으로 생산되는 전기의 양은 2020년 기준 32기가와트GW로 5년 전보다 열 배나 늘었습니다. 인도 정부는 2022년에는 재생에너지의 양을 175기가와트까지, 2030년에는 450기가와트까지 늘리겠다는 목표를 세워 두고 있습니다. 조만간 중국, 호주, 일본, 우리나라 등 여러 나라의 재생에너지 생산 가격도 석탄 발전보다 저렴해질 것으로 기대되고 있습니다.

정치 분야에서는 어떤 변화가 있을까요? 미세먼지는 이산화탄소와는 달리 그 영향이 전 지구적으로 동일하게 미치지 않습니다. 그래서 **탄소배출권** 시장 같은 제도는 운영하기 어렵습니다. 하지만 한국과 중국처럼 미세먼지의 영향을 주고받는 관계에서는 중요한 외교 문제가 될 수 있습니다. 중국이 산업화를 빠르게 추진하면서 공장을 많이 세울수록 한국에 미치는 악영향도 커질 것입니다. 이를 막기 위해서는 중국 내 미세먼지 규제를 강화하거나 중국의 산업화가 환경을 오염시키지 않는 선에서 이루어져야 합니다. 중국과의 경제적, 외교적 협력이 중요해질 수밖에 없습니다.

이처럼 사회, 환경, 기술, 경제, 정치 등 여러 분야에서 미세먼지를 없앨 수 있을지 다양한

탄소배출권

국가가 일정 기간 동안 이산화탄소, 메테인, 질소, 과불화탄소 등 6대 온실가스를 배출할 수 있는 권리를 뜻합니다. 국제연합UN의 담당 기구가 각 국가에 부여합니다. 1997년 온실가스를 줄이기 위해 맺은 국제협약인 교토의정서에 따라 만들어졌으며, 주식이나 채권처럼 사고팔 수 있습니다.

가능성을 따져 볼 수 있습니다. 각 분야는 서로 영향을 주고받으면서 미래의 상황을 바꿉니다. 이러한 가능성을 바탕으로 우리는 앞으로 살아갈 미래의 대기 환경이 어떻게 변할지 다양한 모습을 상상해 보고 이에 따른 기회와 위협에 대해 생각해 볼 수 있습니다.

기후변화로 우리나라가 물에 잠기면 어쩌지?

2040년 2월 12일 다른일보 이미래 기자

'부산의 강남' 해운대, 이제는 유령 도시

부산 해운대와 광안리 구간을 잇는 해안 장벽 보수 공사가 잦은 설계 변경과 부실 시공으로 완공이 계속 늦어지고 있다. 이 공사는 올여름 다가올 태풍 피해에 대비한 것인데 완공이 지연됨에 따라 시민들이 불안에 떨고 있다. 작년에는 순간 최대 풍속이 시속 500킬로미터를 기록한 초대형 태풍 '종다리'로 인해 부산에서만 300여 명의 사상자가 발생했다.

한때 '부산의 강남'으로 일컬어지며 초고층 주상복합 아파트가 즐비했던 해운대는 이제 대부분의 주민이 떠나며 빠른 속도로 슬럼화가 진행되고 있다. 최근 수년 사이 기후변화가 극심해진 탓이다. 초대형 태풍과 해수면 상승으로 해운대 일대에는 건물이 침수되는 피해가 속출하고 있다.

여름이면 전국에서 해운대와 광안리로 인파가 몰려들어 북적이던 풍경은 지난 30년 동안 해수면이 50센티미터 상승하면서 더는 볼 수 없다. 부산의 명물로 부르던 광안대교는 구조물 안전 진단 결과 '위험' 단계 판정을 받아 차량 통행이 불가능해졌다.

김한국 부산시장은 기후변화로 인한 피해가 점점 더 심각해진다면 앞으로 도시 전체의 안전을 보장할 수 없다며 정부를 향한 압박에 나섰다. 부산시에서 정부에 요구하는 것은 크게 두 가지다. 첫째는 지구온난화에 대응하기 위한 파리협약의 온실가스 감축 방안을 정부가 빠르게 이행하는 것이며, 또 다른 하나는 올가을 서울에서 열릴 세계 기후변화 대응 회의에서 국제사회를 적극적으로 설득하는 것이다. 부산 시민들은 앞으로 획기적인 대책이 나오지 못한다면 부산 시민들의 상경 투쟁까지 벌일 것을 각오하고 있다.

지구온난화는 정말 일어나고 있을까?

십수 년 전까지만 해도 기후변화를 연구하는 여러 학술 발표회에서 공공연히 불거지는 논쟁이 있었습니다. 바로 지구온난화가 과연 실제로 일어나는 현상이냐는 것입니다. 미국의 도널드 트럼프Donald Trump 대통령은 아예 "지구온난화는 허구다"라고 발언하기도 했습니다. 급기야 2017년 6월 미국은 지구온난화를 막기 위한 세계 협약인 **파리협약**을 탈퇴했습니다.

지구의 온도는 일정한 폭으로 올라가는 것이 아니라 지역과 시기에 따라 다르게 올라갑니다. 그래서 지구온난화의 흐름을 한눈에 확인하기는 어렵습니다. 하지만 지구온난화는 분명 긴 시간에 걸쳐서 진행되고 있습니다. 미국항공우주국NASA, National Aeronautics & Space Administration은 2019년 지구의 기온이 점점 더 오르고 있다는 연구 결과를 발표했습니다. 1880년 이후를 통틀어 지난 5년간의 지구 평균기온이 가장 높았다는 것입니다. 미국항공우주국에서 1880년부터 2015년까지 세계 기온의 변화를 측정한 영상을 보면 지구온난화가 현재진행형인 현상임을 두 눈으로 똑똑히

> **파리협약**
>
> 2015년 12월 프랑스 파리에서 채택된 국제연합의 기후변화협약입니다. 2020년 이후 적용하는 새로운 기후 협약으로, 지구 평균 온도가 2도 이상 올라가지 않도록 각국의 온실가스 배출량을 줄이자는 내용을 담고 있습니다. 선진국만 온실가스 감축 의무를 이행했던 1997년의 교토의정서와는 달리 195개 당사국 모두가 감축 목표를 지키기로 약속한 협약입니다.

확인할 수 있습니다.

지구온난화와 관련된 논쟁은 크게 두 가지입니다. 첫 번째는 '대기 중의 이산화탄소 농도가 계속 높아지고 있는가?' 두 번째는 '만약 그렇다면 그 원인은 인간의 활동인가?'입니다. 최근 학계의 정설은 대기 중의 이산화탄소 농도가 꾸준히 높아지고 있으며 그 원인에는 인간의 활동이 많은 부분을 차지한다는 것입니다.

지구온난화를 부정하는 연구들도 물론 있습니다. 하지만 이 연구결과들은 화석에너지를 개발하는 기업들이 화력발전을 옹호하기 위해 주도했다는 의심을 받습니다.

지구온난화는 정해진 미래

흔히 인구 변화를 '정해진 미래'라고 부릅니다. 지금 출산율을 높인다고 하더라도 갑자기 인구가 늘어나지는 않기 때문입니다. 전쟁 등의 천재지변이 있지 않은 한 지금 태어나는 아이의 수는 30년 뒤 성인의 수로 그대로 이어집니다. 그래서 현재의 인구구조를 바탕으로 30년 뒤 미래의 인구를 어느 정도 예측할 수 있습니다.

지구온난화도 인구 변화처럼 '정해진 미래'라고 할 수 있습니다. 이미 공기 중에 있는 이산화탄소의 농도를 하루아침에 0으로 만들

수는 없는 노릇이기 때문입니다. 기후변화는 당장은 실감할 수 없을지라도 천천히 일어납니다.

전 세계의 국가와 국제기구는 미래의 지구온난화가 어떻게 진행될지 여러 가지 방향으로 예측해 보고 있습니다. 이를 위해 다양한 미래 상황을 담은 시나리오를 만듭니다. 시나리오는 원래 연극이나 영화의 각본을 뜻하는 말인데 미래 연구에서는 의미가 다릅니다. 앞으로 일어날 수 있는 여러 상황을 영화 시나리오처럼 이야기 형식으로 만들어 미래의 다양한 모습을 쉽게 이해할 수 있도록 도와주는 예측 기법을 뜻합니다.

우리 사회가 경제성장을 중시하는지, 환경 보전을 중시하는지에 따라 대기 중의 이산화탄소 농도가 달라질 수 있습니다. 과거에는 이처럼 국가의 발전 방향과 이산화탄소 농도의 상관관계를 파악하는 작업을 주로 해왔습니다. 하지만 이를 분석하는 일은 매우 복잡하고 많은 시간이 걸리기 때문에 최근에는 접근 방식이 달라졌습니다. 요즘에는 대기 중의 태양복사에너지와 이산화탄소 농도를 직접 가정하는 방법을 더 많이 쓰고 있습니다.

어떤 시나리오에서든 단기간의 이산화탄소 농도 상승은 피할 수 없어 보입니다. IPCC의 제5차 평가 보고서에 따르면 시나리오 중 가장 낙관적인 예측도 2100년까지 지속적인 지표면 온도의 상승은 막을 수 없다고 전망합니다. 바다에서는 온난화와 산성화가 지속될 것이며 전 지구의 평균 해수면은 계속해서 올라갈 것으로 예측하고 있습니다.

부산과 울산이 물에 잠기는 미래가 올까?

지구 온도가 올라가면 빙하가 녹고 **영구동토층**이 줄어듭니다. 얼음이 녹아 해수면이 상승하면 우리의 삶도 달라집니다. 2013년에 환경 잡지 〈내셔널 지오그래픽National Geographic〉은 지구의 얼음이 모두 녹아내린다면 해수면이 65미터 이상 상승할 것이라고 예측했습니다.

미국의 경제·경영 뉴스 웹사이트인 비즈니스 인사이더Business Insider는 여러 연구 자료를 바탕으로 얼음이 모두 녹았을 때 지구의 모습을 영상으로 제작했습니다. 이 영상에서 보여주는 미래는 충격적입니다. 우리가 잘 아는 세계 각국의 도시가 물에 잠겨 있기 때문입니다. 우리나라가 있는 동북아시아도 예외는 아닙니다. 서울과 상하이를 비롯해 한국의 서쪽 지역과 중국 동부의 많은 지역이 물에

IPCCIntergovernmental Panel on Climate Change

기후변화에 따른 위험을 예측하고 국제사회의 대책을 마련하기 위해 세계기상기구WMO와 유엔환경계획UNEP이 공동으로 설립한 국제연합 산하의 협의체입니다. 각국의 기상학자, 해양학자, 빙하 전문가, 경제학자 등 3,000여 명의 전문가로 구성되어 있습니다. 기후 위기를 해결하기 위한 노력을 인정받아 2007년 노벨평화상을 수상했습니다.

영구동토층

지표면의 온도가 1년 내내 0도 이하로 항상 얼어 있는 땅입니다. 전체 육지의 20~25퍼센트를 차지하며 주로 북극이나 남극 등의 고위도 지역에 분포합니다.

잠긴 모습을 볼 수 있습니다. 해수면이 30미터만 올라가도 우리나라는 서쪽을 중심으로 인천의 대부분과 서울의 많은 지역, 심지어 동쪽에 위치한 울산과 부산까지도 물에 잠기게 됩니다.

2100년까지 지구의 평균 기온이 2도 올라가면 해수면은 50센티미터 상승합니다. 우리나라 해양환경관리공단의 가상 실험에 따르면 해수면이 0.59센티미터만 올라가도 여의도 면적의 열한 배 정도가 물에 잠기고 피해를 보는 인구는 1만 4,000명에 이릅니다. IPCC에서는 해수면이 1미터 올라가면 여의도 면적의 300배 정도가 침수될 것이라고 예측하기도 했습니다.

그렇다면 미래의 서울은 이탈리아의 베네치아처럼 물의 도시가 될까요? 다수의 시민이 물 위에서 생활하는 수상 도시가 될까요? 그럴 가능성은 현재로서는 희박합니다. 오히려 사람이 살 수 있는 땅의 면적이 줄어드는 요인은 해수면 상승보다는 사막화일 가능성이 더 높습니다. 지구의 온도가 2도 올라가면 육지의 20~30퍼센트가 사막으로 변한다고 합니다.

'지구온난화가 진행되고 있다는데 올겨울은 왜 이리 추운 거야?' 같은 투덜거림도 잘못된 생각이자 흔한 오해입니다. 지구의 평균 온도가 높아지면 기류와 해류가 활발하게 바뀌면서 이전에는 볼 수 없었던 추운 겨울과 더운 여름, 슈퍼 태풍 등의 자연재해가 일어나게 됩니다. 그러면 지구는 점점 더 사람들이 살기 어려운 환경이 됩니다.

이는 작물 재배, 수확 등에 영향을 미쳐 경제에도 좋지 않은 영향을 줍니다. 일부 고위도 지역에서 따뜻한 기온 덕분에 작물의 생산량이 높아질 수 있긴 하지만, 지구온난화의 긍정적인 측면은 그다지 많지 않습니다. 대기 중 이산화탄소 농도가 높아지면 작물의 광합성에 도움을 주기는 하지만 높아진 기온은 광호흡온도와 이산화탄소 농도가 높을 경우 식물이 산소를 소비해서 이산화탄소를 생성하는 작용을 늘려 작물이 성장할 때 스스로 많은 에너지를 쓰게 합니다. 따라서 생산량이 줄어듭니다. 또한 기후변화에 따라 작물을 생산할 수 있는 지역도 바뀌면서 농업 종사자와 각국의 경제와 산업에 혼란을 가져다줄 것입니다.

정확히 예측하기는 어렵지만 새로운 바이러스가 퍼져 인류의 생존을 위협할 가능성도 있습니다. 시베리아의 영구동토층에서는 2003년 이후 여러 차례 신종 바이러스가 발견되었습니다. 2016년에는 영구동토층에 갇혀 있던 순록의 몸속에서 되살아난 탄저균으로 일흔다섯 명이 입원하고 한 소년이 사망한 사례도 있습니다. 어쩌면 중세시대에 2,000만의 유럽인을 사망케 한 흑사병, 또는 수만 년 전 인류를 괴롭히던 미지의 바이러스가 지구온난화와 함께 새롭게 퍼질지도 모릅니다.

또한 이산화탄소가 바닷물에 많이 녹아들면 바닷물의 수소이온농도지수pH가 낮아집니다. 이는 해양산성화를 일으켜 바닷속에 사는 일부 생물이 멸종할 수 있습니다. 바닷속에 사는 동물의 종류는 육지에 사는 동물 종보다 세 배나 많습니다. 해양산성화로 생물 종

시베리아의 영구동토층에서는 여러 차례 신종 바이러스가 발견되었습니다. 어쩌면 지구온난화로 새로운 바이러스가 퍼져 인류의 생존을 위협할지도 모릅니다.

이 줄어든다면 그만큼 인류에게도 위협이 된다고 할 수 있습니다.

평균기온 상승 폭을 0.5도만 낮춰도 재난을 막는다

앞서 지구온난화는 극복할 수 없는 '정해진 미래'라고 했습니다. 그럼에도 불구하고 이를 해결할 수는 없는 것일까요?

지구환경은 잘 짜인 하나의 커다란 시스템과 같습니다. 기온이 조금만 오르거나 내려가도 커다란 변화가 생깁니다. 지구의 온도 상승을 0.5도만 낮추어도 앞서 말한 재해의 많은 부분을 막을 수 있습니다. 예를 들어 지구의 평균기온이 2도 올라가면 해수면 높이는 2.7미터 올라갑니다. 그런데 기온 상승폭을 1.5도로 0.5도만 줄이면 해수면 높이의 상승은 1.5미터에 그칩니다. 2.7미터가 올라가는 상황과 비교하면 약 45퍼센트가 줄어들어 많은 해안 지역과 섬을 구할 수 있습니다. 또한 기온이 올라가면서 사막으로 변하는 땅도 3분의 1이나 적어집니다.

각 국가의 정부나 국제기구에서는 지구온난화가 진행되는 속도를 늦추고 피해를 막기 위해 여러 단계의 목표를 설정합니다. 먼저 큰 목표를 정합니다. 그다음엔 우리가 어떤 일을 행하면 그 결과가 미래에 어떻게 나타나는지를 예측하는 과정을 거칩니다. 최종 목표를 달성하기 위해 중간중간에 어떤 일들을 해야 하는지 다양한 시나리오를 세우며 검토합니다.

예를 들어 2050년까지 평균기온의 상승을 2도 이내로 억제하는 것을 목표로 삼았다면, 현재 이산화탄소 발생량과 앞으로 누적될 이산화탄소 발생량을 계산합니다. 그리고 이산화탄소 발생량을 목표치 이내로 줄이려면 현재 사용하는 친환경 에너지와 화석에너지의 비율을 어떻게 적절히 조절해야 하는지, 현재 운행 중인 휘발유 자동차의 대수를 얼마나 줄여야 하는지 등을 계산해서 현실 정책에 반영합니다. 만약 평균기온 상승 목표를 1.5도 이내로 수정한다면, 이에 따라 중간 과정에서 행해져야 할 일들도 달라질 것입니다.

금요일에 학교에 가지 않는 환경운동

기후변화에 대응하기 위해 정부의 정책에 기대는 것 말고 우리가 실천할 수 있는 방법은 없을까요? 세계적인 명성을 얻은 스웨덴의 환경운동가 그레타 툰베리Greta Thunberg는 어린 학생들이 문제 해결의 열쇠가 될 수도 있다는 것을 보여 줍니다. 2003년생인 소녀 툰베리는 2018년 8월부터 9월까지 금요일에 학교에 가지 않는 대신 스웨덴 의회 앞에서 기후변화 대책 마련을 촉구하는 1인 시위를 벌였

스웨덴의 환경운동가 그레타 툰베리는 온실가스를 배출하는 비행기를 타지 않고 태양광 요트로 대서양을 건넜습니다. © lev radin

습니다. 툰베리의 시위는 전 세계 학생들의 마음을 움직여 '미래를 위한 금요일Fridays for Future'이라는 전 세계적 환경운동으로 이어졌습니다. 전 세계 수백만 명의 학생들이 툰베리처럼 매주 금요일 등교를 거부하고 기후 재앙에 반대하는 시위를 벌인 것입니다.

툰베리는 2019년 12월 스페인 마드리드에서 열린 제25차 국제연합 기후변화협약 당사국총회에도 참석해 세계 지도자들의 각성을 촉구하는 연설을 하며 온실가스 감축에 동참하지 않는 미국의 트럼프 대통령에게 맞섰습니다. 이때 툰베리가 회의장으로 간 방법도 눈여겨볼 만합니다. 온실가스를 많이 배출하는 비행기를 타지 않고 태양광 요트로 대서양을 건넜습니다. 툰베리는 이런 활동으로 2019년 미국의 시사 주간지 〈타임Time〉 올해의 인물로 선정되어 표지를 장식하며 어린 학생도 세상을 변화시키는 주인공이 될 수 있다는 모습을 보여 주었습니다.

우리나라는 온실가스 배출량을 높이고 있는 대표적인 국가입니다. 각국의 온실가스 배출량을 조사하는 비영리 단체인 글로벌 카본 프로젝트GCP, Global Carbon Project에 따르면 2018년 우리나라의 1인당 탄소 배출량은 12.4톤으로 사우디아라비아, 미국, 캐나다에 이어 4위입니다. 연간 배출 총량에서도 중국, 미국, 인도 등에 이어 7위에 올랐습니다. 우리나라는 10여 년 전부터 기후변화 대응을 준비해 왔지만 지금까지는 목표만을 제시했을 뿐 실제 감축을 위한 실행은 미루어 왔습니다. 실행을 미루면 미룰수록 앞으로 국제사회로부터

받는 압력은 더 거세질 것입니다. 미래 세대는 그 결과로 더욱더 고통 받으며 우리를 원망할 것입니다.

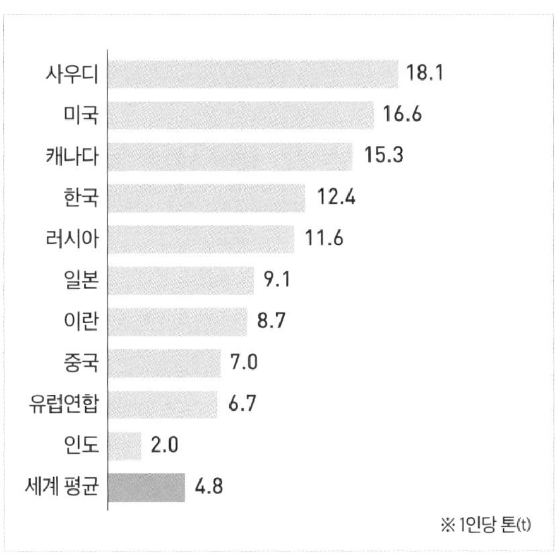

국가별 온실가스 배출량

출처: 글로벌 카본 프로젝트, 2018

녹지가 인간의 행복을 결정한다?

2040년 3월 13일 　　　　　　　　　　　　　　다른일보 이미래 기자

'진짜 자연'과 '가짜 자연' 중 어느 것을 택하시겠습니까?

도시의 녹지 공간을 두고 때 아닌 진짜와 가짜 논쟁이 벌어지고 있다. 경북 포항시는 2017년 지진으로 피해를 입은 북구 일대를 올해부터 인공 자연 도시로 재개발하려는 계획을 추진하고 있다. 이곳에 새롭게 지을 '자연시티'에는 도시 건축물의 80퍼센트가 실제 살아 있는 식물 재료로 이루어질 예정이다. 첨단 합성생물학 기술을 활용한 식물 건축물이다. 자연시티가 개발되면 포항시는 도시 전체 면적에서 도로를 제외한 70퍼센트가 녹지로 이루어진 명실상부한 녹색 도시가 될 전망이다.

한국토지공사에 따르면 식물 건축물은 지난 2017년에 발생한 것과 같은 크기인 규모 5.4 이상의 지진에도 안전하며, 건축물의 냉난방에 사용되는 에너지를 10분의 1수준으로 줄일 수 있다. 또한 건물 내부 곳곳의 식물들은 건물을 이용하는 주민에게 심리적 안정감을 줄 수 있다. 주민들이 먹을 각종 채소도 건축물 내부의 식물 공장에서 직접 재배한다.

하지만 이곳에 살던 일부 주민들은 올여름 착공될 이 도시의 녹지는 진짜 자연이 아닌 '가짜 자연'일 뿐이라며 자연시티 건설에 반대하고 있다. 이들은 이곳을 떠나 새로운 주거지를 마련하고 있다. 도시 남쪽에서 5킬로미터 정도 떨어진 자연경관지구에 터를 잡고 전통적인 방법으로 밭을 일구고 생활할 계획이다. 이는 자연시티를 시작으로 도시 전역에 식물 건축을 도입해 인공 자연 도시를 만드려는 포항시의 계획에 전면으로 어긋나는 행보다. 그래서 개발에 찬성하는 주민들과 갈등을 일으키고 있다.

다음 달 중순에는 개발에 반대하는 주민들을 응원하는 환경운동가 연합의 시위도 이어질 전망이다. 진짜 자연과 가짜 자연의 대결에서 과연 누가 승리할지 주목된다.

지구의 산소를 책임지는 녹지

2019년 8월 브라질의 아마존Amazon 열대우림에는 대형 산불이 나서 무려 한 달 넘게 이어졌습니다. 브라질의 국립우주연구소INPE, Instituto Nacional de Pesquisas Espaciais에 따르면 아마존에서는 2019년에만 7만여 건의 산불이 8개월 동안 발생했다고 합니다.

아마존은 지구 산소의 20퍼센트를 공급한다는 이유로 '지구의 허파'로 불리기도 하지만 이는 사실이 아닙니다. 아마존 산불을 보도한 〈내셔널 지오그래픽〉의 2019년 8월 기사에 따르면, 아마존에서 생산되는 산소의 절반 이상은 식물들이 호흡하면서 흡수하고, 나머지 산소도 흙 속의 미생물이 유기물을 분해하는 데 사용한다고 합니다. 따라서 아마존 숲이 만들어 내는 산소의 양은 숲이 소비하는 산소의 양과 균형을 이룹니다. 오히려 북반구 고위도에 있는 아한대온대와 한대 사이에 해당하는 추운 지역의 숲이 더 효율적으로 이산화탄소를 만들어 냅니다. 추운 지방에서는 미생물의 호흡 활동이 적기 때문입니다. 하지만 이것이 곧 아마존 열대우림의 중요성을 간과해도 된다는 말은 아닙니다.

아마존 숲은 지구온난화로부터 지구를 막아 주는 방파제 역할로 인류 생존에 중요한 기여를 하고 있습니다. 아마존의 식물은 약 1,000억 톤의 탄소를 저장하고 있는데, 전 세계 석탄 발전소의 한 해

브라질 아마존 열대우림에서는 2019년에만 7만여 건의 산불이 8개월 동안 발생했습니다.

탄소 배출량이 15억 톤인 것을 생각하면 어마어마한 양의 온실가스를 저장하고 있는 셈입니다.

산림이 파괴되면서 생기는 온실가스는 전 세계 이산화탄소 배출량에서 무려 12퍼센트나 차지합니다. 파괴된 숲은 산소의 생산과 소비의 균형을 깨뜨리고 이는 땅이 사막으로 변하는 속도를 앞당겨 남아 있는 숲을 더 빠르게 파괴합니다. 한 번 균형이 깨져 건조하게 변한 열대우림 지역은 다시는 원래대로 돌아갈 수 없습니다.

아마존의 열대우림만큼이나 도심의 녹지도 중요한 역할을 합니다. 도시에서 살아가는 사람들에게 여러 가지 도움을 주고 있습니다. 어떤 도움을 주고 있을까요? 우선 녹지는 탄소를 흡수하고 산소를 뿜어냅니다. 나뭇잎은 공기 중의 황산화물과 질소산화물을 영양분으로 삼아 호흡하면서 오염된 공기를 깨끗하게 만들고, 수분을 머금고 배출하면서 습도를 조절하는 데도 도움을 줍니다. 비가 올 때는 물 저장고 역할을 해 흙이 떠내려가는 것을 막습니다. 또한 녹지는 태양열과 자외선을 차단하는 역할까지 해줍니다. 더운 여름에는 도심 녹지와 콘크리트 포장 도로의 온도차가 10도 이상 날 정도입니다. 이뿐만이 아닙니다. 바람의 통로가 되어 주고 열섬화도시의 온도가 주변보다 높아지는 현상를 예방해 줍니다. 삭막한 도시에 휴식 공간이 되어 마음의 치유와 안정에도 큰 도움을 줍니다.

우리나라의 도시 정책은 녹지를 크게 두 가지로 구분합니다. 공장과 도로에서 나오는 공해·매연·소음·진동·악취를 차단하기 위한 녹지를 '완충 녹지', 일상생활의 질을 높이고 도시를 더욱 아름답게 만들기 위한 녹지를 '경관 녹지'라고 부릅니다. 이 두 가지의 녹지를 각 도시에 만들고 관리하도록 법률로 규정하고 있습니다.

녹지를 확보하는 다양한 방법

베지텍쳐vegitecture라는 단어를 들어본 적이 있나요? 초목vegetation과 건물architecture의 합성어로, 풀과 나무를 입힌 건물을 일컫는 말입니다. 21세기 건축의 새로운 트렌드로 자리 잡아 세계 곳곳에서 베지텍쳐 건축물을 만나볼 수 있습니다. 베지텍쳐를 이용한 건축물은 마치 건물 안에 녹지를 둔 것과 같은 효과를 냅니다. 건물을 감싼 식물은 강한 자외선과 열, 산성비로부터 건물을 보호하고 실내 온도를 시원하게 유지하며, 소음공해를 막아 줍니다. 우리나라의 세종시에 있는 정부세종청사에 조성된 옥상 정원도 베지텍쳐라고 볼 수 있습니다.

스테파노 보에리Stefano Boeri는 빌딩 전체를 식물로 뒤덮은 친환경 건물인 '수직 숲' 설계자로 유명한 이탈리아의 건축가입니다. 그가 설계한 건물인 보스코 베르티칼레Bosco Verticale는 세계 최초의 수직 숲 아파트로 2014년 이탈리아 밀라노에 세워졌습니다. 더 나아

이탈리아 밀라노에 있는 보스코 베르티칼레는 세계 최초의 수직 숲 아파트입니다.

가 중국의 도시 류저우에 빌딩 전체를 식물로 뒤덮는 포레스트 시티Forest City를 구상했습니다. 새롭게 건설될 도시의 조감도를 보면 도시인지 숲인지 분간이 어려울 정도입니다. 최대 3만 명을 수용할 수 있는 이 빌딩 숲에는 100여 종의 식물 화분 100만 개와 4만여 그루의 나무를 심습니다. 이 야심찬 계획은 2020년에 착공에 들어갑니다. 중국은 류저우의 프로젝트가 성공한다면 대기오염 문제로 심한 몸살을 앓고 있는 베이징과 상하이, 난징 등의 대도시에도 수직 숲 건설을 추진할 계획입니다. 스테파노 보에리는 중국뿐 아니라 유럽과 미국에도 수직 숲과 포레스트 시티를 건설하는 운동을 추진하고 있습니다. 멕시코의 휴양 도시 칸쿤에는 더욱 진화한 형태의 '스마트 포레스트 시티'를 제안했습니다.

건물에 식물을 배치하는 작업에서 나아가 식물 자체를 아예 건축의 필수 구조물로 삼는 식물 건축botanic architecture도 생겨나고 있습니다. 독일 뮌헨공과대학교의 페르디난드 루드비히Ferdinand Ludwig 교수에 따르면 식물의 공기뿌리땅속에서 나와 공기 가운데 드러나 있는 뿌리를 이용한 식물 건축은 기존의 건축 방식보다 기후변화에 더욱 잘 적응할 수 있다고 합니다. 콘크리트나 아스팔트는 고온에 빨리 더워지지만, 식물은 자체적인 냉각 기능이 있어 건물이 급격하게 뜨거워지는 문제를 해결할 수 있다는 것입니다. 식물 건축의 핵심은 건물에 나무를 심을 공간을 새로 만드는 것이 아니라, 살아 있는 나무를 주요한 건축 재료로 사용하는 것입니다. 그렇기에 기존 건축물과는 확연하게 다릅니다.

미래에는 **합성생물학**을 이용해 기존의 건축 재료보다 더 튼튼한 식물 재료를 사용한 건물이 대세가 될지도 모르겠습니다.

도시 안에서 생산과 소비를 동시에 해결하려는 움직임도 있습니다. '로컬푸드 운동'에 대해 들어 본 적이 있나요? 이는 소비자가 살고 있는 곳의 50킬로미터 이내에서 생산된 친환경 농산물만을 구입하는 것을 뜻합니다. 도시와 가까운 곳에서 생산하는 음식을 구매함으로써 생산지와 소비지 사이에서 발생하는 **탄소발자국**을 줄이려는 시도라고 할 수 있습니다. 미래 도시에 식물 공장plant factory을 세우는 것으로 탄소발자국을 더욱더 줄일 수 있습니다. 식물 공장이란 바깥 환경과 단절된 공간에서 빛, 공기, 온도, 습도, 양분 등을 인위적으로 조절해 식물을 생산하는 시설을 말합니다. 우리가 잘 아는 비닐하우스는 비닐을 이용해 실내 온도를 조금 올릴 수는 있지만

합성생물학

생물학에 화학, 전자공학, 수학 등의 공학을 결합한 학문입니다. 공학 분야에서 응용하기 위해 생물 시스템을 개조하거나 새로 만드는 방법을 연구합니다. 4차 산업혁명을 이끌 미래형 학문으로 주목받고 있습니다.

탄소발자국

개인이나 단체가 발생시키는 온실 기체의 총량입니다. 여기에는 일상에서 사용하는 연료, 전기, 제품 등이 만들어 내는 온실 기체가 모두 포함됩니다. 탄소발자국은 온실가스 물질이 지구의 기후변화에 얼마큼 영향을 미치는지 알 수 있는 지표입니다.

외부의 영향을 완벽하게 차단하지는 못합니다. 반면 식물 공장은 외부 환경을 100퍼센트 차단할 수 있습니다. 그래서 마치 공장에서 제품을 생산하듯이 농산물을 인위적으로 만들어 낼 수 있습니다.

소규모 컨테이너나 도시 내의 버려지는 공장 등 빈 공간을 재활용해서 식물 공장을 만들면 도시를 재생하는 효과를 낼 수 있습니다. 식물 공장은 여기에서 더 나아가 중국 선전深圳에서 구상하는 초고층 수직 농장과 같은 형태 등으로 다양하게 변화할 수 있습니다.

건축물의 지붕이나 벽면이 먹을 수 있는 채소로 이루어진 먹는 집edible house과 같은 재미있는 발상도 있습니다. 마치 헛간처럼 생긴 건물의 벽면과 지붕은 각종 채소를 키우는 작은 화분들로 이루어져 있습니다. 이 건물에서 채소를 키우면서 그때그때 수확해 먹을 수 있습니다.

또는 대다수 사람의 가치관에 따라 이와 정반대의 미래가 펼쳐질 수도 있습니다. 한 평의 녹지를 마련할 공간조차 아까워하며 도시의 모든 지역을 개발하려는 시도가 이루어질지도 모릅니다. 모든 환경은 자연물이 사라진 채 기술적으로 제어되고 기존의 녹지가 인간에게 제공하던 심리적 안정감은 3차원 홀로그램 영상이나 가상현실VR, Virtual Reality을 사용한 인공 조경을 이용해 제공하는 방법입니다. 많은 SF 영화에서 이러한 인공물이 가득한 미래를 다루고 있습니다. 이런 환경에서 인간은 진짜 녹지에서만큼 행복을 누릴 수 있을까요?

미래 우리에게는 얼마나 많은 녹지가 필요할까?

러시아의 작가 레프 톨스토이Lev Tolstoy는 〈사람에게는 얼마나 많은 땅이 필요한가〉라는 단편소설에서 땅에 대한 인간의 탐욕을 풍자했습니다. 사실 인간에게는 죽어서 묻힐 구덩이만큼의 땅만 필요할지도 모릅니다. 우리가 살아가면서는 과연 얼마큼의 녹지가 필요할까요?

세계경제포럼WEF, World Economic Forum

전 세계의 정치인, 기업인, 언론인, 경제학자 등 유력 인사들이 세계 경제의 현안과 해법을 함께 논의하기 위해 만든 포럼입니다. 1971년 하버드대학교 경영학 교수 클라우스 슈밥Klaus Schwab이 창립했습니다. 매년 1월 스위스의 휴양지인 다보스에서 열려서 '다보스포럼' 이라고도 불립니다.

미국의 매사추세츠공과대학교와 세계경제포럼은 구글의 3D 지도 데이터인 스트리트뷰Street View를 이용해 도시 내 녹지를 조사했습니다. 이를 통해 도심 지역에서 녹지가 차지하는 비율을 나타내는 '그린뷰 지수Green View Index'를 만들고 세계 주요 도시의 그린뷰 지수를 보여주는 트리피디아Treepedia라는 웹사이트를 만들었습니다. 예를 들어 미국 플로리다주 탬파의 도심은 36.1퍼센트, 싱가포르는 30퍼센트에 가까운 수치를 보입니다.

그럼 우리나라는 어떨까요? 수치상으로 보이는 서울의 녹지 면적은 30퍼센트 이상으로 세계적인 수준이지만 실제 우리가 체감하는 비율은 이보다 훨씬 낮습니다. 서울의 중심지이며 각종 기업과 공공

우리나라 서울의 올림픽공원입니다. 서울의 녹지 면적은 전체 도시의 30퍼센트 이상이지만 실제 우리가 체감하는 비율은 이보다 훨씬 낮습니다.

기관이 몰려 있는 중구는 1인당 녹지의 면적이 단 0.2제곱미터밖에 되지 않습니다. 창문조차 없는 2평 남짓한 고시원이 즐비한 서울 도심에서는 그리 놀라운 일도 아닙니다.

지자체는 공원을 비롯한 녹지 조성에 노력을 기울이고 있지만 비용 등의 문제로 도심에 녹지를 조성하는 것은 점점 더 어려워지고 있습니다. 그리고 녹지 정책을 둘러싸고 경제성장을 위해 식물을 없애고 땅을 개발할 것인지, 환경을 보존할 것인지 하는 가치 충돌이 일어납니다. 다른 나라에서도 예외는 아닙니다. 앞서 말한 초대형 아마존 산불은 왜 일어난 것일까요? 국제사회 일각에서는 브라질이 쇠고기와 콩 산업을 무분별하게 추진하다가 아마존 산불을 일으켰다고 의심하기도 합니다. 소를 키울 농장을 만들고 콩을 재배하기 위해 숲을 마구 태우다가 불길이 걷잡을 수 없이 번졌다는 것입니다. 물론 개발에서 얻을 수 있는 이익은 달콤한 유혹일 수밖에 없습니다.

결국 미래에 필요한 녹지의 크기는 사람들이 추구하는 가치에 따라 달라질 것입니다. 녹지가 가져다주는 행복을 버리고 효율성과 편리함을 택할 것인지, 불편을 감수하면서 자연과 더불어 살아갈 것인지는 우리가 어떤 선택을 하냐에 달려 있습니다. 여기에 미래 사회의 혁신적인 과학기술은 녹지의 크기를 선택하는 폭을 더욱 넓혀줄 것입니다.

미래 도시에 녹지가 얼마나 존재할지는 우리의 선택에 달려 있습니다.

쓰레기를 100퍼센트 재활용할 수 있을까?

2040년 4월 14일 다른일보 이미래 기자

'쓰레기 종량제' 다음은 '쓰레기 이력제'

우리 국민 한 사람이 하루에 버리는 쓰레기양은 2020년 평균 1킬로그램에서 꾸준히 늘어나 2040년 현재는 5킬로그램에 달한다. 이에 따라 1995년부터 실시된 쓰레기 종량제가 폐지되고 쓰레기 이력제가 도입된다. 45년 만에 이뤄지는 쓰레기 이력제의 전면 도입을 앞두고 사람들의 관심이 뜨거워지고 있다.

이미 2035년부터 생산되는 제품의 70퍼센트에는 사용자를 추적할 수 있는 나노태그를 붙여 왔다. 올해부터 실시하는 쓰레기 이력제는 나노태그 부착을 사실상 100퍼센트 강제하는 것이다. 소비자가 물품을 구매하는 순간 나노 칩에 기록이 시작되며, 제품이 폐기되는 순간까지 기록된다. 각 지자체는 이를 통해 개인별 연간 쓰레기 발생량과 재활용률을 관리한다.

규정량 이상의 쓰레기를 배출하는 주민들에게는 초과

배출에 따른 세금인 환경가산세를 부과한다. 쓰레기 이력제의 도입으로 1인당 쓰레기 발생량은 향후 10년간 매년 20퍼센트씩 줄어들 것으로 예상된다.

작년 시범 도입 기간 동안 약 20퍼센트의 주민이 쓰레기를 초과 배출한 것으로 나타났으며, 이로 인한 추가 세액은 약 3조 원에 달할 것으로 예상된다. 앞으로 중고 물품을 거래하면서 쓰레기 발생량을 사고 파는 개인 간 거래도 활발해질 것으로 예상된다.

분리수거 개념이 없었던 1980년대

묵직한 쓰레기봉투를 들고 집 밖에 있는 수거장으로 향하는 일은 때로 매우 귀찮은 일입니다. 특히 추운 겨울에 그렇습니다. 밖으로 나가기 싫지만 어쩔 수 없이 외투를 입고 문을 나서야 합니다.

그런데 혹시 알고 있나요? 1980년대까지만 해도 우리나라 아파트에는 가구마다 쓰레기 배출구가 있었습니다. 당시에는 계단이나 엘리베이터로 쓰레기 수거장까지 이동해 분리수거를 하는 일 자체가 존재하지 않았습니다. 모든 쓰레기를 집에서 한꺼번에 배출구로 버렸어요. 버려진 쓰레기는 아파트 동마다 위치한 쓰레기 수거장으로 모여서 처리되었습니다.

이렇게 집에서 바로 쓰레기를 버릴 수 있으면 훨씬 편리할 것 같은데, 쓰레기 배출구는 왜 사라진 걸까요? 쓰레기 배출구를 관리하는 일이 그리 간단하지 않았기 때문입니다. 당시 아파트의 쓰레기 수거장과 배출 통로는 마감이 형편없는 경우가 많았습니다. 아래로 떨어지면서 통로 여기저기에 붙은 쓰레기는 악취와 먼지를 다시 실내로 옮겨왔습니다. 이뿐만 아니라 바퀴벌레와 쥐의 서식지가 되어 병원균을 옮기는 원인이 되었습니다.

쓰레기 분리수거는 1991년 의무화 되었습니다. 하지만 일상생활에 자리 잡는 데는 더 오랜 시간이 걸렸습니다. 그러다가 1995년부터 쓰레기를 버리려면 돈을 내야 하는 쓰레기 종량제가 실시되어 비로소 폐기물이 줄어들고 쓰레기를 재활용하는 비율도 높아졌습니다. 2013년 기준으로 우리나라의 쓰레기 재활용률은 59퍼센트로 분리수거를 하는 나라 중에서 독일에 이어 두 번째로 높다고 합니다.

그렇다면 쓰레기 재활용률이 가장 높은 독일에는 어떤 제도가 있을까요? 독일에는 판트Pfand라고 불리는 빈 병 보증금 반환 제도가 있습니다. 유리, 페트, 캔으로 만들어진 용기를 반환하면 8~25유로센트 정도의 돈을 받을 수 있습니다. 우리나라 돈으로 100~300원 정도입니다. 거의 모든 마트에 빈 병을 팔 수 있습니다. 마트에 설치된 반환 기계를 이용하면 더욱 손쉽게 재활용품을 버리고 돈을 돌려받을 수 있습니다.

도시마다 다른 쓰레기 처리 방법

재활용품은 깨끗이 씻은 뒤 재료별로 정리해서 버려야 합니다. 그런데 막상 쓰레기를 분리하려면 어려움이 많습니다. 일반쓰레기인지 재활용품인지 구분하기 헷갈릴 때가 있고, 재활용품이라 해도 캔, 종이, 플라스틱 중 정확히 어떤 종류인지 판단하기 어려울 때가 있습니다.

독일에서는 빈 병 반환 기계를 이용해 더욱 손쉽게 재활용품을 버리고 돈을 돌려받을 수 있습니다.
© Namitha Hebbar

분리수거를 아예 하지 않거나 방식이 우리와 다른 나라들도 있습니다. 중국은 2019년 들어서야 상하이에서 처음으로 분리수거를 시작했습니다. 미국은 주마다 쓰레기를 분리수거하고 처리하는 법이 다르지만 대체로 한국보다 덜 복잡합니다. 주로 음식물 쓰레기와 그렇지 않은 것으로 구분합니다. 일본의 분리수거도 우리나라와 비슷하지만 재활용품 외에는 불에 타는 쓰레기와 타지 않는 쓰레기로 구분하고 음식물도 타는 쓰레기를 담는 봉투에 함께 넣어 버립니다.

각국의 쓰레기 수거 방식이 다른 것은 그 처리 방법이 다르기 때문입니다. 우리나라의 음식물 쓰레기는 주로 퇴비나 사료로 재활용하기 때문에 엄격히 분리하여 수거합니다. 음식물이 아닌 쓰레기는 땅에 묻거나 태웁니다. 태울 때 생기는 열에너지로 전기를 생산하거나 난방에 활용하기도 합니다.

재활용품은 수거, 선별, 처리의 세 단계를 거쳐 재활용됩니다. 가정에서 배출한 재활용품을 쓰레기 수거 업체에서 선별장으로 옮기면, 선별 업체가 재활용되는 것들을 골라내어 재생처리 업체로 보냅니다. 재활용이 어렵거나 돈이 되지 않는 폐기물은 소각장이나 매립장으로 보냅니다. 우리나라는 일단 쓰레기를 분리수거하기만 하면 모두 재활용한 것으로 간주하므로 실제보다 쓰레기 재활용률이 높게 나온다는 지적도 있습니다.

쓰레기를 처리하는 창의적인 방법

쓰레기를 묻거나 태우는 곳 근처는 악취나 오염의 우려가 있고 땅값이 떨어지는 등의 문제도 있어서 모두가 꺼립니다. 쓰레기 매립지나 원자력발전소 폐기물 처리장을 세울 곳을 결정하는 과정은 지역 주민들 사이에서 님비 현상이 일어나기에 쉽지 않습니다.

> **님비NIMBY**
>
> 'Not in My Back Yard내 뒷마당에는 안 된다'의 약자로, 공공의 이익은 되지만 자신이 속한 지역에는 위해가 될 수 있는 일을 반대하는 행동을 뜻합니다.

그래서 국가에서는 보통 쓰레기장을 설치하는 지역에 많은 보조금을 지원합니다. 이 돈으로 지자체는 처리장 인근에 공원을 만들거나 지역민을 위한 곳에 사용합니다. 서울의 난지도는 과거에 쓰레기장이었지만 지금은 난지한강공원이라는 이름의 생태 공원으로 탈바꿈했습니다.

쓰레기 소각장을 아예 처음부터 공원이나 오락시설처럼 만들기도 합니다. 덴마크의 수도 코펜하겐에는 쓰레기를 태워서 발전하는 코펜힐Copenhill이라는 이름의 열병합발전소가 있습니다. 이 발전소의 지붕에는 사계절 내내 이용할 수 있는 스키장과 암벽 등반 시설, 카페 등이 설치되어 있습니다. 덴마크는 국토 대부분이 평지라 스키를 탈 곳이 적은데, 발전소 위에 스키장을 세워 인근 국가로 여행을 가지 않아도 스키를 탈 수 있게 한 것입니다. 이런 시설을 이용해 덴

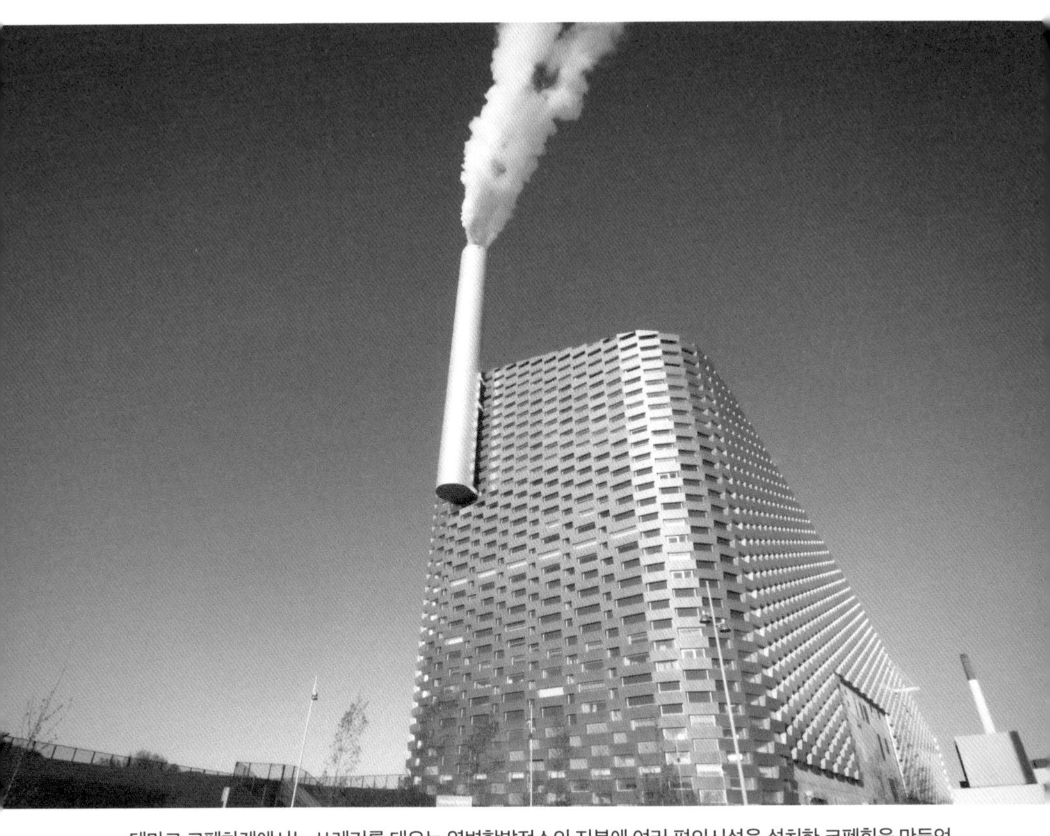

덴마크 코펜하겐에서는 쓰레기를 태우는 열병합발전소의 지붕에 여러 편의시설을 설치한 코펜힐을 만들었습니다. © Dennis Mortensen

마크는 2050년까지 탄소를 전혀 배출하지 않는 **탄소중립국**이 되겠다는 목표를 세웠습니다.

각 가정에서 종량제 봉투에 담은 쓰레기를 양손에 들고 나와 정해진 장소에 버리는 풍경도 머지않은 미래에는 달라질지 모릅니다. 세종시처럼 최근에 생겨난 도시에는 '자동크린넷'이라는 이름의 새로운 쓰레기 배출 시설이 설치되었습니다. 과거의 쓰레기 배출구와 비슷하지만 밀폐된 전용 통로를 사용하고 고압으로 쓰레기를 운송, 처리하기 때문에 버릴 때 냄새도 나지 않고 위생 문제도 없다고 합니다.

'지속 가능한 개발'이란 미래 세대를 위해 최대한 환경을 손상하지 않는 범위 내에서 개발하는 것을 뜻합니다. 지속 가능한 개발에 대한 요구가 커지면서 재활용recycling에서 나아가 새활용upcycling하는 것도 최근의 트렌드로 떠올랐습니다. 버려지는 물건을 재료 삼아 새로운 제품을 만드는 것입니다. 예를 들어 낡은 현수막을 활용한 가방이나 재고 의류로 만든 지갑 등이 대형 백화점에서 판매되는 등 새로운 패션 소품으로 인기를 얻기도 합니다. 폐지를 이용해

탄소중립국

경제 활동을 하며 배출한 이산화탄소의 양이 전혀 없는 국가입니다. 화석연료 사용을 줄여 탄소 배출을 아예 막거나 산림 조성을 통한 산소 공급으로 이미 배출된 탄소를 흡수, 상쇄할 수 있습니다.

종이 물병을 만들거나 **생분해성 수지**와 섞어 주방가구의 재료로 활용하는 경우도 있습니다.

> **생분해성 수지**
>
> 우리가 흔히 사용하는 플라스틱합성수지은 석유를 원료로 만들어진 것으로 자연계에서 분해되기 어렵습니다. 생분해성 수지는 석유 대신 옥수수 등의 탄수화물이나 유기화합물을 이용해서 만든 수지로, 이산화탄소와 물로 분해될 수 있습니다. 그래서 기존 플라스틱보다 환경오염을 덜 일으킨다는 장점이 있습니다.

새로운 기술을 이용해 쓰레기를 줄일 수 있는 다양한 방법도 연구되고 있습니다. 러시아 사마라폴리텍대학교의 연구원들은 과일을 이용해 먹을 수 있는 주방용 그릇과 컵을 만들어 냈습니다. 이전에도 다양한 재료를 이용해 만든 먹을 수 있는 포장용기가 있었지만 여기에는 인공적인 첨가물이 들어가 있었습니다. 이와 달리 러시아에서 만든 제품에는 인체에 해로운 화학 합성물이 전혀 들어가 있지 않습니다. 이들은 조만간 이 제품을 대량 생산할 계획을 가지고 있습니다.

나노기술을 이용해 수질을 깨끗하게 만드는 새로운 방법도 연구되고 있습니다. 미국의 예일대학교와 중국의 베이징대학교에서는 바다의 말미잘에서 영감을 얻어서 오염된 물을 정화하는 나노 응집제를 개발했습니다. 이를 이용하면 복잡한 단계를 거쳐야 했던 기존의 정화 과정을 획기적으로 짧게 줄일 수 있다고 합니다.

쓰레기 줄이기가 우선일까,
재활용이 우선일까?

어쩌면 쓰레기에 대한 기존의 관념을 뒤집는 전혀 다른 방향의 미래가 펼쳐질 수도 있습니다. 지금까지 우리는 쓰레기를 최대한 많이 재활용하는 것이 옳은 방향이라고 생각해 왔습니다. 하지만 복잡한 현대 산업사회에서는 여러 요소를 고려해 자원의 재활용이 정말 환경에 긍정적인 영향을 미치는지 고민해야 합니다.

보통 쓰레기는 잘사는 나라에서 못사는 나라로 이동합니다. 우리나라는 쓰레기 일부를 중국이나 동남아로 수출합니다. 중국이 폐기물 수입을 중단하자, 폐지를 수출하지 못해 우리나라의 폐지 가격이 매우 떨어졌습니다. 이를 수거하던 재활용 업체의 수익도 바닥으로 떨어졌습니다. 2018년 우리나라의 서울과 경기 지역 재활용 업체들은 적자를 견디지 못해 비닐과 플라스틱 수거를 거부했습니다. 그래서 한때 쓰레기가 수거되지 않는 '쓰레기 대란'이 벌어지기도 했습니다.

플라스틱을 재활용하는 것이 경제적으로 이득은 없더라도 환경에는 도움이 될 거라고 다들 생각하겠지요? 하지만 혹시라도 플라스틱을 분리수거하고 재활용하는 과정이 그냥 버리고 새로 만드는 것보다 환경을 더 오염시킬 수도 있다는 생각을 해본 적은 없나요?

실제로 미국 벅넬대학교의 경제학 교수인 토마스 킨나만Thomas

쓰레기 재활용이 과연 무조건 좋기만 한 것인지 고민할 필요도 있습니다. 플라스틱과 유리는 생산하기는 쉬운데 재활용하기는 쉽지 않습니다.

Kinnaman은 플라스틱과 유리를 재활용하는 것이 경제적으로 이득을 보기도 어렵고 환경 보호 차원에서도 큰 의미가 없다고 주장합니다. 플라스틱과 유리는 생산하기는 쉬운데 재활용하려면 매우 복잡한 과정을 거쳐야 합니다. 그래서 킨나만 교수는 오염된 플라스틱과 유리를 세척하는 데 사용되는 물과 전기, 새로운 제품의 재료로 만들기 위한 여러 기계와 화학 공정, 재활용품을 운송하는 데 드는 에너지 등을 생각하면 그냥 매립하는 것이 더 낫다고 주장합니다.

킨나만 교수는 쓰레기를 재활용하는 과정에서 생기는 오염의 양을 계산하고 이를 경제적인 편익으로 환산해 최적의 재활용률을 계산했습니다. 알루미늄, 주석 등의 금속과 종이 등 특정 재료들의 최적 재활용률은 100퍼센트에 가깝지만, 플라스틱이나 유리 등은 10퍼센트밖에 되지 않습니다. 연구의 결론은 발생하는 쓰레기의 양을 줄이고 재료를 다시 가공하는 재활용보다는 제품을 다시 쓰는 '재사용'을 늘려야 한다는 것입니다.

킨나만 교수의 연구는 플라스틱 사용을 줄이고 100퍼센트 재활용하는 것이 환경에 가장 도움이 된다는 우리의 일반적 상식에 벗어납니다. 하지만 아무 데나 쓰레기를 버려도 된다는 뜻은 절대 아닙니다. 다만 재활용은 가장 좋은 해결 방법이 아닐 수도 있고, 항상 여러 경우의 수를 고려할 필요가 있다는 점을 환기해 줍니다.

오대양의 쓰레기가 전부 사라지는 미래가 올까?

태평양에 남한 면적의 수십 배나 되는 쓰레기 섬들이 떠 있다는 사실을 알고 있나요? 네덜란드의 젊은 과학도 보얀 슬랫Boyan Slat은 열여섯 살이었던 2011년 그리스에서 다이빙 자격증을 따기 위해서 물에 들어갔다가 엄청난 쓰레기를 마주하고 충격을 받습니다. 그 뒤 바다의 플라스틱을 제거하는 장치를 개발하기 시작했고, 열일곱 살 나이에 이 아이디어를 실현하기 위해 디오션 클린업The Ocean Cleanup이라는 재단을 설립합니다. 슬랫은 크라우드 펀딩으로 200만 달러 이상의 자금을 모았습니다. 그의 아이디어가 현실이 된다면 태평양에는 길이 100킬로미터에 달하는 장치가 설치되어 10년 안에 전 세계 바다 플라스틱 쓰레기의 절반을 수거하게 될 것입니다.

> **크라우드 펀딩**
>
> 군중, 대중을 뜻하는 크라우드Crowd와 자금 조달을 뜻하는 펀딩Funduing을 조합한 용어로, 자금을 필요로 하는 개인이나 단체가 대중을 대상으로 자금을 모으는 방식을 뜻합니다. 주로 트위터, 페이스북 등의 SNS나 온라인 플랫폼을 통해 이루어집니다.

여러분은 보얀 슬랫 같은 혁신적 기술자나 기업가가 될 수도 있고, 앞서 소개한 그레타 툰베리와 같은 환경운동가가 될 수도 있습니다. 우리가 무엇을 바라고 어떻게 행동하느냐에 따라 미래의 모습은 바뀌어 갈 것입니다.

우주에 도시가 생길까?

2050년 12월 31일 다른일보 이미래 기자

우주도시의 인구 1만 명 돌파

2050년 한 해를 마무리하는 오늘, 달 궤도에 위치한 국제 우주도시 루나 게이트웨이Luna Gateway에서도 송년 파티가 열렸다. 2024년 국제우주정거장ISS, International Space Station으로 첫 선을 보인 이래 루나 게이트웨이는 매년 새로운 시설을 추가하며 차츰 우주도시로서의 면모를 갖추어 왔다. 거주 지구에 모인 사람들은 올해 인구 1만 명을 돌파한 것을 자축하며 송년의 밤을 즐겼다.

현재 루나 게이트웨이에 거주하는 주민들은 대부분 우주 탐사를 하려는 우주인, 우주 실험을 위해 온 과학자, 달 자원개발 산업체 관련자, 우주 여행가 들이다. 루나 게이트웨이는 우주 협약에 따라 어느 국가에도 속해 있지 않으며 거주민들도 기본적으로 이주 당시의 국적인 방문자 신분이다. 그러나 도시의 인구가 점차 늘어나면서 루나 게이트웨이를 싱가포르와 같은 도시국가로 독립시켜야 한다는 주장이 나온다. 최근 불거진 우주 출생자의 국적 선택 문제와 맞물려 청년층을 중심으로 이 같은 주장에 동조하는 사람이 늘고 있다.

루나 게이트웨이의 특수한 환경과 풍부한 인적, 물적 자원으로 독립 후에도 독자적인 국가 운영은 충분히 가능할 것으로 예상된다. 하지만 이곳을 기반으로 우주개발을 진행해 오던 각국의 이해관계가 복잡하게 얽히면서 독립에 대한 논의는 길어질 전망이다.

루나 게이트웨이가 화제가 됨에 따라 미국의 기업가 일론 머스크Elon Musk의 우주 기업 스페이스XSpace X 주도로 화성에 건설된 도시 마스 알파 베이스Mars Alpha Base도 덩달아 주목받고 있다. 두 도시는 우주탐사를 위한 중심지의 자리를 두고 서로 경쟁하고 있다. 현재는 지구와 거리가 가까운 루나 게이트웨이가 유리한 듯 보이지만, 먼 우주탐사에 유리한 위치에 있는 화성의 경쟁력도 만만치 않다. 루나 게이트웨이의 독립을 둘러싼 논쟁이 향후 두 도시 사이의 관계에 어떤 영향을 미칠지도 관심의 대상이다.

냉전 시대부터 시작된 우주탐사

제2차 세계대전 이후 자본주의 진영을 대표하는 미국과 공산주의 진영을 대표하는 소련은 서로 체제의 우월성을 내보이기 위해 우주탐사 기술을 경쟁적으로 개발했습니다. 그 이래로 인류는 끊임없이 우주에 관심을 가지고 우주탐사를 계속해 왔습니다. 1957년 소련이 최초의 인공위성 스푸트니크 1호를 발사한 지 불과 10여 년 만인 1969년 7월 20일, 미국은 아폴로 11호를 쏘아 올려 최초로 달에 사람을 보냈습니다.

1960년대에 현재와 같은 고성능 컴퓨터의 도움 없이 사람이 달 착륙에 성공한 것은 지금 생각해 보면 굉장히 놀라운 일입니다. 당시 연구실에는 컴퓨터 대신 사다리를 놓고 올라갈 수 있는 거대한 칠판과 복잡한 계산을 수행하는 수많은 계산원만이 있었습니다. 이런 모습은 〈히든 피겨스Hidden Figures〉2016와 같은 당시 상황을 다룬 영화에 잘 묘사되어 있습니다.

이와 같은 놀라운 성공은 국가적인 규모에서 많은 자원을 투자하여 이루어 낸 것입니다. 당시 미국과 소련은 인공위성 개발, 달 탐사, 화성 탐사, 우주정거장 건설 등 우주탐사의 다양한 분야에 자원을 쏟아 부었습니다. 이 같은 분위기 속에서 당시 사람들은 달이나 화성에 사람들이 살고 우주 여행을 가는 시대가 금방 열릴 것처럼 생각하기도 했습니다. 하지만 최초의 달 착륙이 이루어진 지 50년이 더 지났지만 아직도 달에는 사람이 살 수 없습니다. 언젠가는 우리가 우주에 도시를 건설하고 생활할 수 있을까요?

어디서부터 우주도시라고 부를 수 있을까?

흔히 우주라고 하면 우리가 살고 있는 태양계와 이를 품고 있는 우리 은하계, 그 외의 수많은 별과 은하를 포함하는 크나큰 공간을 상상합니다. 광대한 우주 곳곳에 인간이 살아가는 도시가 세워지는 것은 정말로 머나먼 미래의 일일 것입니다. 아마도 최초의 우주도시는 달이나 화성이 아닌 지구에 등장할 가능성이 큽니다.

지구에 우주도시가 등장한다고 하니 이상하게 들릴 수도 있지만 이는 지구상의 한 궤도에 떠 있는 도시를 뜻합니다. 우리가 살고 있는 지구의 상공으로 올라갈수록 중력이 약해지고 대기가 희박해지면서 점점 우주공간에 가까워집니다. 국제항공연맹FAI, International Aeronautics Federation이 정한 대기권과 우주의 경계가 지구 고도 80킬로미터 선상에 존재하기 때문에 현재의 기준으로는 그 이상의 높이에 도시를 건설한다면, 그것은 우주도시라 불릴 수 있다는 것이죠.

미국항공우주국과 전미우주학회NSS, National Space Society에서는 해마다 학생들을 대상으로 우주도시 설계 대회를 엽니다. 2016년에는 한국의 고등학생들이 출전해 대상을 수상했습니다. 이들은 신성 계획Project Divinity이라고 이름 붙인, 적도 상공 500킬로미터 궤도에 1만 명이 살 수 있는 규모의 도시를 설계해 대회에 도전했습니다. 세계 각국에서 매년 수십 팀의 학생들이 우주에서 정착하는 방법을 고안해 경쟁하고 있으며 여러분도 흥미가 있다면 직접 도전해 볼 수 있습니다.

이처럼 낮은 궤도에 우주도시를 건설하는 것은 아주 큰 규모의 국제우주정거장을 건설하는 일과 비슷할 것입니다. 국제우주정거장은 우주인 여섯 명이 거주하고 있는 현존하는 우주 최대의 건축물이자 실험실입니다. 현재도 400킬로미터 고도에서 시속 약 2만 7,000킬로미터의 속도로 매일 지구를 15.7바퀴 돌고 있습니다. 이 우주정거장을 건설하고 관리하는 데는 미국을 비롯해 16개국이 참여하고 있습니다. 우리나라는 2000년대 초반부터 몇 번의 기회가 있었으나 아쉽게도 아직까지 참여한 적은 없습니다. 한국 최초의 우주인 이소연이 소유즈Soyuz, 1960년대 말에 처음 개발되어 현재까지도 사용하는 소련의 우주선 우주선을 타고 가서 몇 가지 실험을 한 곳도 바로 이곳입니다.

국제우주정거장은 건설에 참여하는 나라들이 지상에서 제작한 모듈을 미국의 우주왕복선이나 러시아의 프로톤Proton 로켓, 소유즈 우주선 등을 이용해 나른 후 이를 우주공간에서 조립하는 방식으로 만들어집니다. 이 과정은 20년 이상의 장기간에 걸쳐 이루어지고

국제우주정거장은 현존하는 우주 최대의 건축물이자 실험실입니다.

있습니다. 우주도시는 이보다 거대한 규모이므로 건설하는 데 훨씬 더 많은 자원이 필요할 것입니다.

저궤도의 우주도시가 건설된다면 아마도 그다음 단계는 우주 엘리베이터를 건설하는 일일 것입니다. 지구와 우주를 직접 연결하려는 생각은 19세기 말에 제정러시아의 과학자 치올콥스키Tsiolkovsky가 최초로 구상했습니다. 그러다가 1978년 유명한 SF 소설가 아서 클라크Arthur C. Clarke가 그의 소설 《낙원의 샘The Fountains of Paradise》에서 그 개념을 구체적이고 명확히 만들어 사람들에게 널리 알려졌습니다.

우주 엘리베이터란 말 그대로 적도 상공에 지구에서 우주로 바로 올라갈 수 있는 엘리베이터를 만드는 것입니다. 우주 엘리베이터는 지표면에서 정지궤도적도 상공 약 3만 5,800킬로미터의 원 궤도 너머로 이어지는 거대한 케이블과 이동체, 인력의 균형을 맞춰 줄 무게추, 엘리베이터의 출발점과 종점이 될 기지국 모듈로 구성될 것입니다. 또한 우주까지 일정 길이의 케이블을 운반한 후 아래로 케이블을 추가하며 내려오는 방식으로 지어질 것입니다. 중력 때문에 지구상에서 올라가면서 건설하기가 어렵기 때문입니다.

우주 엘리베이터를 건설하는 것은 단순히 사람이 살기 위해서가 아니고 우주개발의 전진기지로 삼으려는 목적이 강합니다. 우주 엘리베이터는 우주로 물자를 나르거나 더 먼 우주로 탐사를 떠나기 위한 우주선을 쏘아 올리는 데 매우 유리합니다. 우주공간에 있는 엘리베이터에서는 중력이 작용하지 않습니다. 따라서 우주선이 지구를 떠나 궤도에 오르는 데 필요한 추진 속도를 얻기 위해 막대한 에너지를 소비하지 않아도 됩니다.

현재 우주 엘리베이터를 건설하는 데 필요한 기술들이 다양하게 연구되고 있으며, 대표적인 난관은 케이블을 구성하는 가볍고도 튼튼한 소재를 개발하는 것입니다. 지표와 무게추 사이의 케이블이 원심력을 견디기 위해서는 현재 가장 뛰어난 소재인 탄소 나노튜브의 강도보다 훨씬 더 뛰어난 소재가 필요합니다. 몇 가지 기술적 문제가 해결된다면, 우주 엘리베이터의 건설은 가능해질 것입니다.

우주 엘리베이터는 우주로 물건을 옮기는 데 들어가는 비용을 100분의 1로 줄일 수 있다는 엄청난 잠재적 가치가 있습니다. 하지만 건설하는 데 천문학적 비용이 듭니다. 그래서 대신 달 궤도의 우주정거장을 이용하는 등 다른 방안들도 고려할 수 있습니다.

달이나 화성에 도시를 건설하는 계획

미국항공우주국에서는 2017년 아르테미스Artemis라는 달 탐사 계획을 세웠습니다. 아폴로 계획Apollo Project이 소련과의 달 착륙 경쟁에서 이기는 것이 목표였다면, 아르테미스 계획의 최종 목표는 달에 지속 가능한 유인 기지를 건설하는 것입니다. 이를 위해 우선

2024년까지 여성 우주인을 달에 보내고, '루나 게이트웨이'라고 하는 달 궤도 우주정거장을 건설하며, 2028년까지는 달에 사람이 사는 기지를 건설한다는 계획입니다.

50여 년 만에 다시 달 착륙에 도전하면서 달라진 점은 여러 국가와 민간 회사가 계획에 참여한다는 점입니다. 루나 게이트웨이는 다양한 국가가 참여해 현재의 국제우주정거장을 대신하고 유인 화성 탐사선을 발사하는 전초기지 역할을 수행할 것입니다. 또한 미국항공우주국은 세 곳의 민간 회사를 선정해 2020년부터 달에 민간 착륙선을 보낼 계획입니다. 이는 2024년 본격적인 유인 달 탐사에 앞서 달 표면을 탐사하고 실험, 통신 등 각종 장비를 미리 실어 나르기 위함입니다. 이는 최초의 상업적 달 화물 서비스의 시작이 될 것입니다.

유럽우주국ESA, European Space Agency은 2040년까지 달의 남극 근처에 100명 안팎의 우주 비행사들이 거주하는 기지를 건설한다는 문빌리지Moon Village 계획을 발표했습니다. 유럽우주국은 기지 건설을 위해 달의 자원을 활용하는 기술을 사용할 계획입니다. 지구에서 달의 기지 개발에 필요한 자원을 보내기 위해서는 엄청난 비용이 들기 때문입니다. 이처럼 달에 기지를 건설한 이후에는 이를 이용해 자원을 개발할 수 있습니다. 첫 번째 기지를 우주탐사의 전진기지로 삼아 화성과 같은 더 먼 우주로 탐험을 떠나기 위해 추가적인 거주지가 건설될 수 있습니다.

화성은 지구 다음으로 사람이 살아갈 수 있는 유력한 후보지로 꼽히는 행성입니다. 2016년 민간 우주 기업 스페이스X의 CEO인 일론 머스크는 화성에 인류가 자립할 수 있는 도시를 현 시대 내에 건설하겠다는 계획을 발표하고 이르면 2022년에 첫 번째 유인 우주선을 화성으로 발사하겠다고 선언했습니다. 자사의 재사용 가능한 로켓 기술을 이용하고 화성에 도착한 우주선이 지구로 돌아오는 데 필요한 연료는 화성에 존재하는 물과 이산화탄소를 합성해 만들겠다는 것입니다.

당시 머스크는 화성에 완전 자급자족 가능한 문명사회를 설립하는 데 40~100년이 걸릴 것이라고 추정했습니다. 하지만 최근에 그는 화성에 도시를 건설하려면 100만 톤가량의 물자가 필요하며, 이를 운반하는 데 스페이스X의 우주선 스타쉽Starship 1,000대와 20년 정도의 시간이 걸릴 것이라고 자신의 전망을 수정했습니다. 20년이라는 오랜 시간이 걸리는 이유는 화성까지 우주선을 쏘아 올리는 데 적합한 행성 배열이 약 2년에 한 번밖에 오지 않기 때문입니다.

현재로서는 화성 이주 계획이 무모해 보이지만 이에 관심 있는 사람들도 꽤 많은 듯합니다. 실제 건설을 위한 중요한 기술들이 빠진 데다 자금도 부족해 지금은 무산된 마스 원Mars One이라는 프로젝트가 있습니다. 스페이스X가 이 프로젝트를 통해 2034년 화성 식민지 건설을 한다며 마흔 명의 참가자를 모집한 2013년 당시, 다시는 지구로 돌아오지 못하는 위험한 임무임에도 불구하고 20만 명이 넘

화성 이주 계획인 마스 원 프로젝트에는 20만 명 이상의 사람들이 지원했습니다.

는 사람들이 지원했습니다.

우주의 소유권은 누구에게 있을까?

우주도시를 만드는 것은 일반적인 도시 건설보다 훨씬 더 어렵습니다. 여러 가지 기술적 난관이 있고 비용 면에서 효율적이지 못하며 주거 환경도 기존 도시에 비해 매우 열악할 것입니다. 그럼에도 왜 우주도시를 건설하려는 것일까요? 그것은 당장의 어려움보다 잠재적 가치와 미래의 가능성을 염두에 둔 것이라 볼 수 있습니다.

우주개발 경쟁이 시작되면서 1967년에 우주에 관한 최초의 국제법인 외기권 우주조약OST, Outer Space Treaty이 만들어졌고 현재 100여 개 국가가 가입한 상태입니다. 이 조약의 주요 내용은 다음과 같습니다. 첫째, 우주공간은 누구나 자유롭게 탐색 및 이용할 수 있습니다. 둘째, 어떤 국가도 영유권을 주장할 수 없습니다. 셋째, 오직 평화적 목적을 위해서만 이용할 수 있습니다. 우리나라는 1967년 10월 13일 우주조약에 서명했습니다.

조약에 따라 어떤 국가도 우주에 대한 소유권을 주장할 수 없지만, 개인이나 기업이 천체의 소유권을 주장하거나 자원을 채굴할 수 있는지에 대해서는 구체적인 합의가 이루어지지 않았습니다. 이에 각국은 자체적으로 우주공간의 상업적 이용을 허용하는 법률을 제정하고 있습니다. 예를 들어 미국은 2015년 '상업적 우주 비행을 위한 법CSLCA, Commercial Space Launch Competitiveness Act'을 만들어 기업이 달이나 화성 같은 천체의 자원을 채굴할 수 있는 근거를 마련해 주었습니다.

소행성 중에는 백금과 니켈 같은 광물이 많이 매장되어 있는 곳이 있습니다. 그리고 달에는 지구에서 희귀한 원소인 헬륨-3Helium-3가 다량 존재합니다. 이는 미래의 핵융합 발전의 연료로 사용될 수 있습니다. 1그램의 헬륨-3는 석탄 40톤과 맞먹는 에너지를 가지며, 달에는 인류가 1만 년 이상 사용할 수 있는 양이 매장되어 있다고 합니다. 우주도시는 이러한 자원을 활용할 수 있는 발판이 될 것입니다.

우주공간을 교통로로 사용하는 것도 미래의 논쟁이 될 수 있습니다. 비행기가 각 국가의 영공을 지나기 위해서는 해당 국가의 허락을 받아야 하지만, 누군가 80킬로미터 이상의 고도로 비행하는 우주선을 만들어 운행한다면 현재 법으로는 어떤 국가도 이를 막을 수 없습니다. 이는 전통적인 국가 주권의 하나를 침해하는 중요한 문제가 될 수 있습니다. 앞서 어느 높이부터 우주라고 할 수 있는가에 대한 내용을 다룬 것도 이것이 과학적으로 중요한 문제는 아니지만 정치, 사회적으로는 중요한 쟁점이 될 수 있기 때문입니다.

우주에 관한 국제법은 앞으로 계속 변화할 것입니다. 우주개발이

달에는 지구에는 드문 헬륨-3가 대량으로 매장되어 있습니다.

보편화되고 많은 우주도시가 생길 즈음에는, 우주는 더 이상 전 세계가 공유하는 것이 아니라 각국의 또 다른 영토 전쟁의 대상이 될지도 모릅니다.

하지만 우주도시를 만들고 우주에서 살아가고자 하는 시도는 인간의 호기심과 새로운 세계에 대한 탐구 정신을 더욱 확장해 줄 수 있을 것입니다. 미국의 유명 SF 시리즈 〈스타트렉Star Trek〉에서 그리는 인류는 기술의 발달로 물질적인 욕구로부터 자유로워져 있습니다. 순수한 지적 호기심이 중요한 가치관으로 여겨지고, 우주탐사를 통해 새로운 생명과 문명을 탐험하는 것이 인류의 중요한 임무인 미래를 배경으로 합니다. 인류의 끊임없는 우주에 대한 도전과 호기심을 보면 정말로 그런 미래가 올지도 모르겠습니다.

2부

도시와 사회

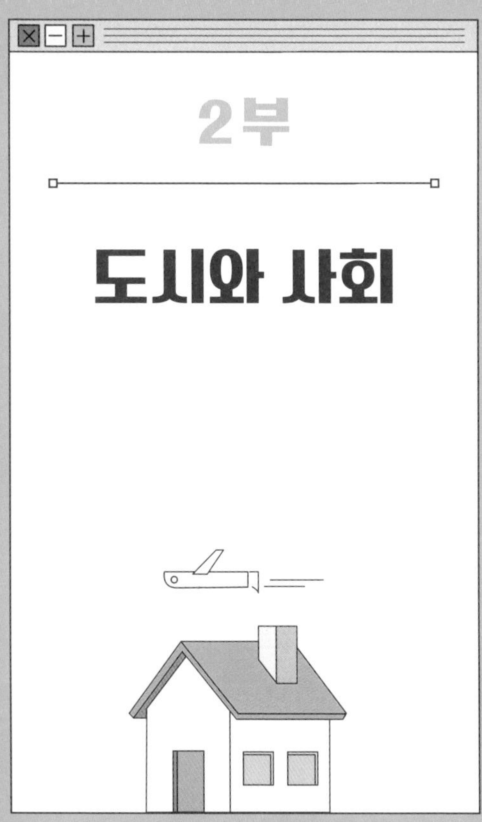

모든 사람이 집을 소유하는 사회가 올까?

2040년 5월 15일 다른일보 이미래 기자

부의 상징 타워팰리스, 이제는 찬밥 신세

한때 대한민국 초고층 주상복합 아파트의 상징이었던 서울 도곡동 타워팰리스가 오늘 완전히 철거되었다. 아파트와 주상복합 건물이 이동식 변형 주택의 인기에 밀리게 된 탓이다. 상위 1퍼센트 부자들만 살던 곳으로 유명했던 타워팰리스는 수년 전부터 비싼 임대료와 관리비를 부담할 입주민이 없어 공실이 급증해 유지와 관리에 어려움을 겪었다.

인근의 다른 초고층 주상복합 건물 모두 비슷한 상황이다. 더 나아가 강남권 전체가 슬럼화될 수 있어 주민들의 우려도 커지고 있다. 많은 대기업이 판교나 제주도로 본사를 이전하고 있고, 온라인 재택근무가 활발해지는 등 근무 환경도 많이 달라져서 과거에 비해 테헤란로를 오가는 인구가 많이 줄어든 탓이다.

2035년부터 시행된 '주택사유화금지법'에 따라 주택은 더 이상 개인의 소유물이 아니게 되었다. 공간 구조를 원하는 대로 바꿀 수 있고 어디로든 이동시켜 설치할 수 있는 이동식 변형 주택은 편리한 기능에 저렴한 유지비까지 갖추어 아파트를 빠르게 대체하고 있다.

이처럼 한때 모두에게 선망의 대상이었던 초고층 주상복합 아파트는 주거 환경이 달라지면서 하나둘씩 역사의 뒤안길로 사라지고 있다. 타워팰리스가 철거된 이곳은 한 달간의 공사를 거쳐 이동식 변형 주택을 위한 주차장으로 활용될 예정이다.

대한민국은 아파트 공화국

여러분은 어떤 집에서 살고 있나요? '대한민국은 아파트 공화국'이라는 말이 있을 만큼 우리나라에서 집이라고 하면 아파트가 대표적입니다. 2018년 기준으로 우리나라 주택 열 채 중 여섯 채는 아파트고, 전체 가구의 절반 이상이 아파트에서 생활합니다. 우리나라에는 왜 이렇게 아파트가 많이 생기게 된 걸까요?

우리나라 최초의 대규모 아파트 단지는 1962년 지어진 마포아파트입니다. 당시 마포아파트는 상류층이 거주하는 고급 주거 단지로 알려지며 아파트를 배경으로 한 영화가 여러 개 만들어질 만큼 화제를 불러 일으켰습니다. 마포아파트는 새로운 주거 문화의 상징이자 계기라 할 수 있습니다.

1970년대 강남 일대가 빠르게 개발되면서 한강맨션, 반포1단지, 압구정 현대아파트 등 커다란 아파트 단지가 차례로 들어섭니다. 편리한 시설과 교육 환경 등의 장점이 부각되면서 사람들은 아파트를 선호하게 됩니다. 여기에 경제적 이득을 취하기 위한 아파트 투기까지 맞물리면서 아파트는 점점 대량으로 보급됩니다. 2018년 기준으로 우리나라에는 1,000만 채가 넘는 아파트가 있습니다.

많고 많은 집 가운데 왜 내 집은 없을까?

1,000만 채의 아파트와 나머지 형태의 주택을 합치면 우리나라에는 2,000만 채에 달하는 집이 있습니다. 우리나라의 가구 수는 약 1,900만 가구이므로 가구 수 대비 주택의 비율은 한 가구당 한 채를 넘습니다. 우리나라의 주택 보급률은 2010년에 이미 100퍼센트를 넘어섰습니다. 하지만 주변에 내 집을 가진 사람의 비율은 높지 않습니다. 왜 그럴까요?

집을 여러 채 가진 다주택자가 많아서 그렇습니다. 그리고 다주택자의 비율은 해마다 높아지고 있습니다. 살아가는 데는 집이 한 채만 있어도 충분한데 여러 채를 갖는 이유는 무엇일까요? 이는 집을 돈을 벌 수 있는 투자 또는 투기의 수단으로 보기 때문입니다.

1960년대 중반 서울시가 강남 지역을 개발하려는 계획을 세우면서 최초의 부동산 투기가 시작됩니다. 1970년대에 강남 개발이 이루어지자 강남에서 농사 짓다 땅을 팔아 부자가 된 사람이 등장하면서 '강남 졸부'라는 말이 생겨났습니다. 돈다발을 싸 들고 아파트를 사러 다니는 여성들을 가리키는 '복부인'이라는 말도 생겨났습니다.

당시는 빠르게 인구가 늘어나던 시기로 주거지를 늘리고 주거 환경을 개선하는 일이 중요했습니다. 땅을 개발해 많은 집을 지어야

GDP Gross Domestic Product

일정 기간 동안 한 국가에서 생산된 재화와 용역의 시장 가치를 모두 합친 것으로, 한 나라의 경제 규모를 나타내는 대표적인 지표입니다. 국내총생산이라고도 부릅니다.

했습니다. 또한 건설 사업은 경기를 부양하고 국가의 GDP와 경제성장률도 높이는 일석이조의 효과가 있었습니다. 이 과정에서 집값은 오를 수밖에 없었습니다. 집을 사기만 하면 가격이 올랐으므로 부유한 복부인들만 하던 투기에 평범한 서민들도 뛰어들게 됩니다. 아파트 분양의 기준이 까다로워지면서, 분양권을 특정인에게 뇌물로 준다든가 하는 각종 비리도 심심치 않게 터져 나왔습니다.

1,000만 채 이상의 아파트가 공급된 지금도 상황은 크게 달라지지 않았습니다. 서울의 강남을 비롯한 몇몇 지역 아파트들은 평범한 직장인이 평생 돈을 모아도 살 수 없을 만큼 비싼 가격을 자랑합니다. 좋은 위치와 학군 등에 따른 투자 가치의 차이에 따라 서울 안에서도 강남과 다른 지역의 집값 차이는 점점 더 벌어지고 있습니다.

토지공개념과 개인의 재산권

이 책을 읽는 여러분이 어른이 되었을 때는 모두가 집을 한 채씩 가질 수 있을까요? 부유한 집에서 태어난 '금수저'가 아닌 사람이 집

서울 강남의 아파트들입니다. 서울 안에서도 강남과 다른 지역의 집값 차이는 점점 더 벌어지고 있습니다.

한 채를 갖기 위해서는 어떻게 해야 할까요? 우선 간단하게 두 가지 해결책을 생각해 볼 수 있습니다. 집값이 지금보다 많이 저렴해지거나 여러분의 소득이 매우 높아져야 할 것입니다. 하지만 슬프게도 두 가지 모두 이루어지기란 쉽지 않습니다. 2000년부터 2016년까지 직장인의 평균 월급은 1.3배 올랐지만 집값은 두 배나 올랐습니다. 이는 우리나라 집값의 평균을 낸 것이고 강남 같은 곳은 더 많이 올랐습니다.

지금은 과거와 달리 인구가 점점 줄어들고 있습니다. 집은 점점 더 많이 공급되고 인구는 감소한다면, 집값은 저렴해지지 않을까요? 언뜻 생각하기에는 분명히 주택이 많아졌으니 더는 집값이 오를 것 같지 않아 보입니다. 하지만 그중에서도 사람들이 살고 싶어 하고 인기가 많은 집이 있습니다.

사람들은 교통이 편리하고 좋은 교육 환경을 갖추고 있으며 깨끗한 집을 좋아합니다. 거기에다 새로 지어진 집일수록 인기가 높습니다. 이런 조건을 두루 갖춘 집은 제한되어 있으니 인기가 많은 곳의 집값은 내려가지 않습니다.

그럼 다른 가능성들을 생각해 보겠습니다. '토지공개념'이라는 것이 있습니다. 이는 개인이 토지를 자유롭게 소유할 수 있지만 공공의 이익을 위해 경우에 따라서는 토지의 소유와 이용을 제한할 수 있다는 개념입니다.

1980년대 후반 부동산 투기가 극성을 부리자 토지공개념에 따라 일정 이상의 토지를 가진 사람에게 세금을 물리는 '택지소유상한법'을 실시했습니다. 여기에 더해 오른 땅값에 대해 세금을 물리는 '토지초과이득세법', 땅을 개발해서 얻는 이익의 일부를 부담금으로 물리는 '개발이익환수법'도 실시한 적이 있습니다. 하지만 이런 법안들은 모두 개인의 재산권을 침해한다는 이유로 헌법재판소에서 위헌 판결을 받거나 경제성장에 걸림돌이 된다는 이유로 사라졌습니다.

택지소유상한법

서울, 부산, 대구, 광주, 대전, 인천 등 6대 도시에서 한 가구가 200평 이상의 땅을 가지면 부담금을 물게 한 제도입니다. 1990년에 부동산 투기를 막기 위해 도입되었습니다. 하지만 국민의 재산권을 침해한다는 이유로 1998년에 폐지되었으며, 1999년에는 위헌 판결을 받았습니다.

택지소유상한법을 다시 과감히 도입하면 어떨까요? 더 나아가 주택 가격이 오른 만큼 정부가 돈을 걷어 그 돈으로 저소득층을 위한 주택을 지어서 나눠 주는 것입니다. 물론 이런 방법을 실제로 쓰기는 쉽지 않습니다. 부동산을 통해 이익을 얻고자 하는 사람들이 반발하는 한 쉽지 않은 일입니다. 하지만 다시 토지공개념의 정신을 헌법에 포함하고 현실에 구현하고자 하는 논의는 여전히 있습니다.

한편으로 서울에 살기를 선호하는 사람들의 태도가 바뀔 수도 있습니다. 언젠가 사람들이 생활하는 환경이 바뀌면서 선호하는 집의 위치나 형태가 달라질 수도 있습니다. 온라인 네트워크가 지금보다 더욱 발달하고 가상현실 기술이 도입되면 매일 회사로 출퇴근해야 하는 사람들이 줄어들 수 있습니다. 회사에 출근하지 않고도 일할 수 있고, 쇼핑이나 문화생활도 직접 즐기는 것과 똑같이 가상현실로 즐길 수 있다면 서울 중심가에 있는 집이 곧 좋은 집이라는 인식도 바뀌지 않을까요? 굳이 집값이 비싸고 공기도 좋지 않은 도심에 살아야 할 필요를 느끼지 못할 수 있습니다. 집을 바라보는 시각이 다양해지면서 다양한 형태의 집을 원하는 사람들이 생길 것입니다. 그때는 경치 좋은 시골에 지은 별장이 최고의 집으로 꼽힐 수도 있습니다. 한발 더 나아가면, 백두산 천지 아래 지은 오두막이 최고의 집이 될 수도 있고, 바닷속에서 하루 종일 지나가는 물고기들을 바라볼 수 있는 집이 최고의 집으로 대접받을지도 모릅니다.

얼마 전 미국의 샌프란시스코에서는 구글 같은 대기업에 다니는 사람들조차 비싼 집값을 감당하지 못해 회사 근처의 캠핑카에서 생활하는 것이 뉴스가 된 적이 있습니다. 이를 반대로 생각하면 한 곳에서 내내 살 것이 아니라 미래에는 내가 필요할 때 원하는 곳에서 바로바로 살 수 있는 이동식 집을 만들어 볼 수도 있지 않을까요?

또한 최근 강남에서는 기존의 넓은 아파트를 쪼개 여러 세대가 거주할 수 있도록 개조하기도 합니다. 이런 방식을 '세대구분'이라고 부릅니다. 예를 들어 넓은 아파트 한 채를 세대구분해서 두 채로 나누면 둘만 살던 부부가 다른 가족과 함께 살거나 임대도 할 수 있습니다. 국토교통부에서 아예 정해진 기준을 제공하기도 합니다. 어쩌면 미래에는 공간을 자유자재로 바꿀 수 있는 집이 만들어지지 않을까요? 혼자 살 때는 작은 집이었다가 결혼을 하고, 아이가 생기고 할 때마다

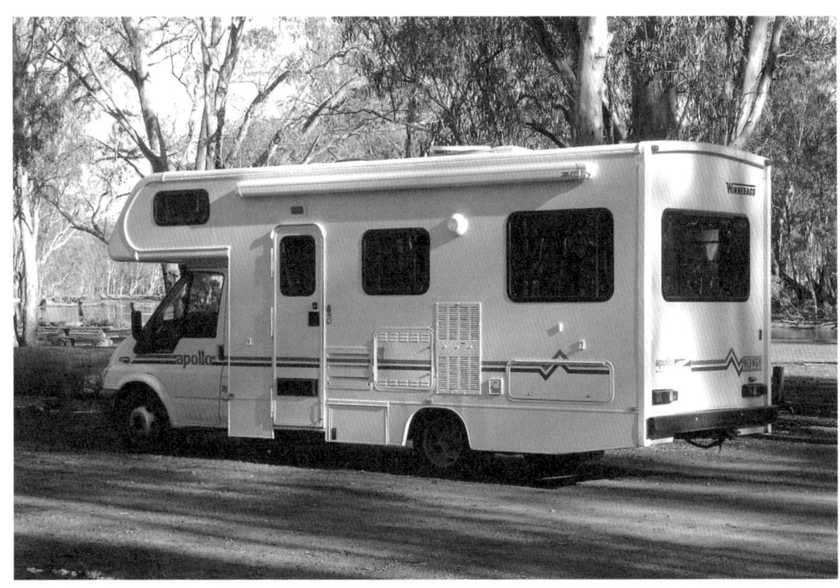

미국에서는 대기업에 다니는데도 비싼 집값을 감당하지 못해 회사 근처에 캠핑카에서 생활하는 사례가 늘어났습니다. 미래에는 내가 원하는 장소에 바로바로 세울 수 있는 이동식 집을 만들어 볼 수 있지 않을까요?

조금씩 커지는 미래의 집을 상상할 수도 있을 것입니다.

다른 나라 사람들은 어떻게 집을 소유할까?

과거 공산주의 국가에서는 경제적, 사회적 평등을 실현하기 위해 주택을 정부가 소유해 주민에게 공짜로 살게 하거나 매우 적은 돈으로 집을 빌려주어 모든 주민이 안정적으로 주거 생활을 할 수 있게 만들고자 했습니다. 하지만 공산주의 국가들의 경제는 성장하지 못했고 오랫동안 자금난에 허덕여 결국 이루어지지 못했습니다.

공산주의 국가들이 목표로 삼았던 이런 공공 임대주택 보급 사업은 오히려 유럽의 선진국을 중심으로 성공을 이루었습니다. 네덜란드의 경우 사회주택이 전체 주택의 30퍼센트 이상을 차지합니다. 사회주택이란 비영리 단체와 같은 사회적 경제 주체가 정부에게서 택지나 금융, 조세지원 등을 받아 주거에 어려움을 겪는 사회·경제적 약자에게 저렴하게 공급하는 집을 말합니다. 네덜란드의 사회주택은 개인 소유의 집을 포함한 전체 임대주택 중 약 75퍼센트에 이르는 높은 비율을 자랑합니다. 네덜란드 정부는 100여 년 전인 1901년부터 주택법을 제정해 민간 사업자인 주택협회가 사회주택을 공급할 수 있도록 지원하고 있습니다. 각종 노동조합과 종교 단체도 참여하는 네덜란드의 사회주택협회는 이미 1922년에 1,350개가 넘었습니다. 이처럼 네덜란드는 저소득층부터 중산층까지 다양한 계층에 저렴하고 살기 좋은 사회주택을 공급했습니다.

독일은 사회주택의 비율이 높지 않지만, 임대주택에서 안정적으로 거주할 수 있도록 임차인집에 세 들어 사는 사람을 보호하는 강력한 제도가 있습니다. 독일에서는 집주인이 한번 집을 빌려주면 일방적으로 계약을 해지할 수 없습니다. 계약을 해지하기 위해서는 집을 팔거나 그 집에 집주인이 들어가 사는 등 특별한 사유가 있어야 합니다. 집을 파는 경우도 집주인은 세입자에게 새로운 주거지를 찾을 수 있는 충분한 기간을 주어야 합니다. 이 기간은 임차인이 오래 거주하면 할수록 길어집니다. 또한 임차인연합협회에서 임차인을 위한 여러 법적인 조언과 지원을 해줍니다. 그래서 독일에서는 민간 임대주택에서 사는 사람의 비율이 개인이 직접 소유한 집에 사는 비율보다 높습니다.

집을 투자의 대상이 아닌 주거의 대상으로

우리나라의 앞선 세대에게는 '내 집 마련의 꿈'이라는 말이 있었습니다. 집값이 하도 빨리 오르니 어떻게든 내가 살 집 한 채만 마련하

독일 베를린에 있는 다세대 주택입니다. 독일에서는 집주인이 한번 집을 빌려주면 일방적으로 계약을 해지할 수 없도록 임차인을 보호합니다.

면 일단 한숨 돌린다는 의미가 있었습니다. 하지만 무리해서 산 집의 대출금을 갚느라 허덕이는 '하우스 푸어'도 생겨났습니다.

과연 앞으로도 집값이 오르기만 하고 떨어지지는 않을까요?

1980년대 후반 일본에서는 '도쿄 땅을 다 팔면 미국 전체를 살 수 있다'는 농담이 유행하기도 할 만큼 부동산 가격이 비쌌던 적이 있습니다. 하지만 1990년대 초반 버블경제의 붕괴로 급격히 떨어진 부동산 가격은 20년이 지나도 당시 가격으로 회복하지 못하고 있습니다.

미국도 집값 하락으로 인한 경제 위기를 겪었습니다. 2000년대 초반 미국의 은행들은 돈을 갚을 능력이 없는 신용등급이 낮은 사람들에게까지 주택을 담보로 돈을 빌려주었습니다. 당시 이자율보다 주택 가격의 상승률이 높았기 때문에 돈이 없어도 집을 팔아 갚으면 된다고 본 것입니다. 그러나 주택 가격이 떨어지자 저소득층은 대출금을 갚지 못하게 되었고, 이에 따라 은행과 대부업체들이 줄줄이 파산하게 되었습니다. 이를 서브프라임 모기지 사태Subprime Morgage Crisis라고 부릅니다. 2008년 미국에서 터진 서브프라임 모기

하우스 푸어 House Poor

집을 사기 위해 무리한 대출을 받고 이자를 갚느라 집이 있어도 가난하게 사는 사람을 뜻합니다. 일을 해도 소득이 부족해 생활고에 시달리는 사람을 가리키는 '워킹 푸어'에서 파생된 용어입니다. 집값이 오르는 시기에 주택 가격이 계속 오를 것이라 기대하고 무리하게 대출을 받았지만 집값이 떨어지거나 금리가 오르면서 고통 받게 됩니다.

2008년 서브프라임 모기지 사태로 압류되어 경매에 부쳐진 미국의 주택들입니다. 주택 가격이 떨어지자 저소득층은 대출금을 갚지 못하게 되었고 이에 따라 은행들이 줄줄이 파산해 문을 닫았습니다.

지 사태는 전 세계적인 금융 위기까지 초래했습니다.

앞으로 우리나라도 일본이나 미국 같은 일을 겪지 않으리라는 법이 없습니다. 원래 집을 제외한 모든 물건은 내가 사면서부터 그 가치가 떨어지기 시작합니다. 새 차를 사서 나중에 중고차로 팔면 처음 샀던 차의 가격보다 훨씬 적은 돈을 받습니다. 하지만 주택 가격만은 그렇지 않습니다. 집값이 오르기만 하고 내려가지는 않습니다. 그래서 우리나라는 땅이나 건물을 사두었다가 팔면 무조건 이득을 챙긴다는 부동산 불패의 신화가 이어져 왔습니다. 집 주인이 세입자에게 매달 돈을 받는 월세 대신 일부 보증금만 받고 집을 빌려주는 전세 제도도 집값이 늘 올라가기에 생길 수 있었습니다. 하지만 이제는 적어도 묻지마 식의 부동산 투기는 사라졌고, 지역에 따라 부동산 가격이 떨어지는 경우도 생기고 있습니다. 전세 가격도 매매 가격의 절반 수준에서 이제는 90퍼센트 정도로 올랐습니다. 여러분이 성인이 된 이후에는 더 큰 변화가 있을 수 있겠죠.

집을 투자의 대상이 아닌 주거의 대상으로 바라본다면 꼭 내가 집을 소유하지 않아도 되지 않을까요? 집을 소유하는 것 자체보다는 내가 원하는 곳에서 사는 것이 더 중요하지 않을까요?

교통사고가 사라질 수 있을까?

2040년 6월 16일 다른일보 이미래 기자

'교통사고 제로' 도시 선언 500일째를 맞는 서울

오는 7월 1일로 서울시가 '교통사고 제로' 도시를 선언한 지 500일이 된다. 3년 전 오늘 서울에서는 드론 택시가 통학 버스 위로 추락해 50여 명의 사상자를 낳은 최악의 교통사고가 벌어졌다. 이 사고를 계기로 서울시는 교통사고로 인한 사망자를 줄이기 위해 다양한 방법을 고민해 왔다.

서울시는 자율비행 드론이 도심을 통행하는 것을 전면 금지하고, 플라잉카flying car, 도로도 달리고 하늘도 날 수 있는 자동차가 통행하는 구간에는 일반 자동차가 지나다니지 못하게 지상 도로를 폐쇄했다. 퍼스널 모빌리티personal mobility, 전기 자전거, 전동 킥보드 등 전기를 동력으로 하는 1인용 이동수단의 속도는 시속 15킬로미터로 제한하며, 이용자의 위치와 상황을 판단해 위급하지 않은 상황에서는 초고속 이동수단 사용을 제한하기로 했다. 만약 이를 위반한다면 일부 시민권을 제한하는 강한 규제도 시행한다. 서울시는 이러한 정책을 시민들 간의 치열한 토론을 통해 완성하고 시행했다. 시민들의 생활이 다소 불편해지더라도 안전을 가장 우선시해 선택한 결과다.

선언 이후 지금까지 발생한 서울시의 교통사고는 단 여덟 건에 그쳤으며 모두 가벼운 사고였다. 시민들의 반응도 좋은 편이다. 하지만 이로 인해 서울시의 경제성장률은 작년 0.7퍼센트로 무려 2퍼센트가 감소했다. 생산성 저하로 인해 기업들이 인천, 성남 지역으로 이전하면서 인구 유출과 부동산 가격 하락도 크게 우려되는 상황이다.

최초의 교통사고는 언제 일어났을까?

19세기 후반 전 세계에서 가장 번영한 국가였던 영국의 주요 교통수단은 마차였습니다. 당시 영국은 최강대국답게 미래를 연구하고 전망하는 활동도 활발히 했습니다. 그때 학자들이 교통수단에 대해 우려한 가장 큰 문제는 무엇이었을까요? 그것은 바로 미래에 마차가 엄청나게 늘어나면 말들의 배설물로 온 도시가 뒤덮이지 않을까 하는 고민이었습니다. 물론 그런 일은 일어나지 않았습니다. 자동차가 마차의 자리를 대신하면서 말똥에 대한 고민은 자연스레 사라졌습니다. 하지만 마차도 자동차도 교통사고 문제에서 자유롭지 못했습니다.

최초의 자동차 사고는 18세기 후반 프랑스에서 일어났습니다. 운전자가 증기자동차를 제대로 다루지 못해 담벼락을 들이받은 사고입니다. 이때의 속도는 겨우 시속 3.2킬로미터였습니다. 이처럼 초기의 자동차 사고는 주로 자동차 자체에 결함이 있거나 운전자가 자동차를 잘 다루지 못해서 발생했습니다. 그러다가 시간이 갈수록 현재와 같이 운전자가 과속으로 운전하거나 한눈을 팔아 일어나는 교통사고가 대부분을 차지하게 됩니다.

교통사고로 인한 최초의 사망자는 19세기 후반 영국에서 나왔는데 이때 사고를 낸 차량의 속도는 시속 6.4킬로미터밖에 되지 않았습니다. 사고 원인은 운전자의 부주의였습니다. 우리나라에서 일어난 최초의 교통사고는 구한말 대표적 친일파인 이완용의 사위가 1912년 술을 마시고 운전을 하다가 일곱 살 아이를 치어 다치게 한 음주 운전 사고라고 합니다.

교통사고가 없어질 수 있을까?

최근 자동차는 레이더와 카메라를 비롯한 각종 센서를 달아 사고의 위험을 줄이고 있습니다. 시중에 판매되는 자동차에는 자율주행 기능이 이미 조금씩 도입되고 있습니다. 전방에 물체가 있으면 자동으로 멈추는 기능, 차선을 벗어나지 않고 달리는 기능 등 사고를 줄이는 기술뿐 아니라 스스로 차선을 변경하거나 주차할 때 핸들을 자동으로 조작할 수 있는 기능 등입니다.

이 분야에서 사람들의 관심을 끌고 있는 업체는 테슬라Tesla라는 미국의 자동차 회사입니다. 테슬라는 기업가이자 엔지니어인 일론 머스크가 투자한 회사입니다. 테슬라는 2014년 자사가 보유한 전기자동차와 관련한 특허를 모두 공개해 사람들을 놀라게 했습니다. 이는 전기자동차 기술을 공유해 시장의 크기를 키우는 전략이었습니다.

자동차 업계에서는 자율주행 기술의 수준을 단계별로 정의했습니다. 가장 낮은 0단계는 기존의 운전 방식, 가장 높은 5단계는 사람의 개입 없이 운전하는 완전 자율주행 방식입니다. 테슬라는 2~3단계 수준의 자율주행 자동차를 판매하고 있습니다. 이는 자동차가 스스로 속도를 조절하고 핸들을 조작할 수 있는 수준입니다. 현재 많은 자동차 회사와 IT 기업이 4단계 이상의 자율주행 기술을 시험하고 있습니다. 우리나라도 2027년에는 전국 주요 도로에서 자율주행 자동차를 운전할 수 있게 허가하겠다고 발표했습니다.

전기자동차는 기존의 내연 기관차보다 부품의 개수가 적으며, 에너지를 변환하는 과정이 따로 없이 직접 전기 모터를 구동하기에 자율주행에 필요한 제어장치를 넣기 쉽습니다. 그래서 대부분의 자율주행 기술은 전기자동차를 대상으로 우선 시험하는 경우가 많습니다. 2012년에 테슬라의 고급 전기자동차 모델S[Model S]가 출시되자, 캘리포니아를 중심으로 환경 보호에 관심이 많은 부자들이 좋아하는 자동차가 되었습니다. 이에 자극을 받은 다른 자동차 회사들도 전기자동차 개발에 관심을 보여 지금은 다양한 전기자동차가 출시되어 서로 경쟁하고 있습니다. 앞으로 자동차 시장에서 전기자동차가 차지하는 규모는 점점 더 커질 것입니다. 전통적인 자동차 기업뿐 아니라 다양한 IT 기업도 전기자동차와 자율주행 기술 개발에 뛰어들고 있습니다.

자동화 단계	특징	내용
사람이 주행 환경을 살펴보는 단계		
0단계	비자동	운전자가 전적으로 모든 조작을 제어하고, 모든 주행을 책임지는 단계입니다.
1단계	운전자 지원	자동차의 움직임과 속도를 제어하는 시스템이 있지만 그 시스템을 운전자가 조작해야 하는 단계입니다. 즉 운전자가 자동차의 움직임에 대한 모든 기능을 시스템을 통해 수행합니다.
2단계	부분 자율주행	자동차가 움직임과 속도를 제어하는 시스템에 의해 움직이지만 주행 환경은 사람이 살펴봐야 하며 안전 운전에 대한 책임도 운전자가 져야 하는 단계입니다.
자율주행 시스템이 주행 환경을 살펴보는 단계		
3단계	조건부 자율주행	시스템이 모든 운전 조작을 제어하지만, 시스템이 운전자의 개입을 요청하면 운전자가 적절하게 자동차를 제어해야 하는 단계입니다. 그에 대한 책임도 운전자가 집니다.
4단계	고도 자율주행	자동차가 달릴 때 가장 중요한 제어 주행 환경을 살펴보고 비상시 대처하는 것도 시스템이 수행하지만 전적으로 항상 제어하는 것은 아닌 단계입니다.
5단계	완전 자율주행	모든 도로 조건과 환경에서 시스템이 전적으로 주행을 담당하는 단계입니다.

자율주행 기술 발전 6단계

출처: 미국자동차기술학회

테슬라에서 출시한 전기자동차인 모델S입니다. 전기자동차는 일반 자동차보다 부품의 개수가 적으며 자율 주행에 필요한 제어장치를 넣기 쉽습니다. © franz12

사람 없는 자동차가 도로를 메운다면

자율주행 자동차는 사람들의 생활을 혁신적으로 바꿀 것입니다. 예를 들어 지방은 대도시인 서울이나 수도권에 비해 상대적으로 대중교통을 이용하기가 불편합니다. 그래서 많은 사람이 주로 자가용으로 이동합니다. 또한 자동차를 도로 위에서 운전하는 것보다 주차하는 데 시간과 노력이 많이 들 때도 있습니다. 사람이 많은 백화점이나 대형 쇼핑몰에 갔을 때는 주차 할 공간을 찾느라 시간을 허비하기도 합니다. 자율주행 기술이 일상에 정착하면 더는 이런 식으로 시간을 낭비하지 않아도 됩니다. 운전자는 먼저 내려서 볼일을 보고, 차는 주차장의 빈 공간을 알아서 찾은 다음 운전자를 기다릴 것입니다.

더 나아가서는 내 소유의 차가 필요 없어질 수도 있습니다. 필요할 때 알아서 나를 태우러 오고, 나를 내려 주고 나서는 근처의 다른 사람을 태우러 가는 자율주행 택시가 거리를 돌아다닐 수도 있습니다. 그러면 필요한 주차 공간을 줄이고, 차량의 개수도 줄일 수 있습니다. 차량에서 나오는 배기가스로 생기는 환경오염과 에너지 소비가 줄어드는 것은 덤입니다.

미국의 다국적 기업인 우버Uber는 앞으로 자율주행 자동차를 더 많은 사람이 일상에서 손쉽게 이용할 수 있게 할지도 모릅니다. 우버는 스마트폰으로 이용할 수 있는 **승차공유 서비스**를 제공하는 기업으로 **공유경제**의 대명사로 불립니다. 이제 우버는 더욱 많은 사람이 편리하게 서비스를 이용할 수 있도록 자율주행 기술을 개발하고 있습니다.

한편 새로운 기술의 등장은 이로 인해 도태되는 사람들을 만듭니다. 자동차가 등장하면서 사라진 마부라는 직업이 그렇습니다. 1960~1970년대 우리나라에서 택시 운전사는 돈을 많이 버는 인기 직업이었지만 지금은 그렇지 않습니다. 인기는커녕 택시 기사 하면 많은 사람이 불쾌한 기억부터 떠올립니다. 택시 기사가 승객을 불친절하게 대하거나 불쾌한 말을 던진다거나, 요금이 많이 나오지 않는 목적지로 가려는 사람에게는 승차를 거부한다거나, 지나치게 빨리 차를 몬다는 불만이 나옵니다.

승차공유 서비스

차량을 여러 사람이 공유할 수 있게 지원하는 서비스입니다. 예를 들어 목적지가 같은 사람들이 함께 한 대의 차량에 탈 수 있게 사람들을 연결해 줍니다. 또는 개인이 소유하고 있는 차량을 타인에게 요금을 받고 빌려줄 수 있습니다. 즉, 운전자를 그 차를 이용하려는 사람과 연결해 주는 서비스로, 공유경제의 한 형태로 볼 수 있습니다.

공유경제

하나의 제품을 여럿이 공유하는 형태의 경제를 뜻합니다. 예를 들어 자동차, 빈 방, 책 등 활용도가 떨어지는 재화를 다른 사람들과 함께 공유해 자원을 효율적으로 활용합니다. 쉽게 말해 '나눠 쓰기'라고 할 수 있습니다.

우리나라에도 '카카오 카풀', '타다' 같은 승차공유 서비스 업체들이 생겨났습니다. 이런 기업들은 택시에 대한 소비자들의 불만을 해소해 줄 서비스를 내세우며 시장의 문을 두드렸습니다. 하지만 모두 택시 업계의 반발과 법적 논란 때문에 서비스를 중단하거나 연기했습니다.

승차공유 서비스가 혁신적인 기술로 불친절한 택시 서비스를 대체할 수단이라며 찬성하는 사람도 있는 반면, 면허가 있어야만 운행할 수 있는 택시 사업을 편법적으로 하는 것일 뿐이라며 금지해야 한다는 주장도 만만치 않습니다. 지금은 두 주장이 팽팽히 맞서고 있지만 언젠가는 자율주행 자동차가 도로를 누비는 날이 올 것입니다.

1865년 영국에는 붉은 깃발법Red Flag Act이라는 세계 최초의 교통법이 있었습니다. 이 법에 따르면 자동차는 도심에서 시속 3킬로미터 이상 속도를 낼 수 없습니다. 그리고 항상 붉은 깃발을 든 기수가 자동차 앞에서 걸어가야 합니다. 이는 자동차가 마차의 속도보다 빠르게 달리지 못하게 해 마부들이 일자리를 잃는 것을 막기 위해서였습니다. 그리고 자동차가 도로를 부수고 마차의 말들을 놀라게 하는 것을 막고자 했습니다. 이 법을 지금 보면 얼마나 우스꽝스럽나요?

어쩌면 승차공유 서비스를 둘러싼 논란도 나중에는 우스꽝스럽게 비칠지 모를 일입니다. 변화하는 세상에서 시대의 흐름을 거스르

1896년 영국에서 교통법에 따라 붉은 깃발을 든 기수가 자동차 앞을 걷고 있는 모습입니다. 이 법을 지금 보면 얼마나 우스꽝스럽나요?

려 한다면 그 결과가 좋지 못할 것입니다. 돌이키기 어려운 변화의 물결이 인다면 그 흐름을 무조건 거스르기보다는 충분한 사회적 합의를 거쳐 피해를 보는 사람들을 최소화하고 도움을 줄 수 있는 방안을 고민해야 하지 않을까요?

다양한 교통수단이 공존하는 미래 도시

자율주행 자동차는 현재 가장 유력한 미래의 교통수단입니다. 이외에 미래의 교통수단을 꼽으라 하면 하늘을 나는 자동차가 항상 첫 손가락에 꼽힙니다. 거의 매년 신문에서는 다양한 회사에서 시도하고 있는 플라잉카에 대한 기사들이 나옵니다. 기사대로라면 하늘을 나는 자동차가 벌써 도심을 날아다니고 있어야 하는데 아직까지 그렇지 못한 이유는 무엇일까요?

하늘을 난다는 것은 에너지 측면에서 대단히 비효율적입니다. 지상을 다니는 자동차에 비해 조종하기 훨씬 어려우며, 사고가 났을 때도 훨씬 대처하기 어렵습니다. 그럼에도 하늘을 나는 꿈을 이루기 위해 다양한 사람들이 오늘도 플라잉카를 연구하고 있습니다.

이 같은 꿈은 드론 기술을 통해 현실에서 이루어질 가능성이 커졌습니다. 미국의 드론 개발 업체 스카이디오Skydio에서는 자율비행

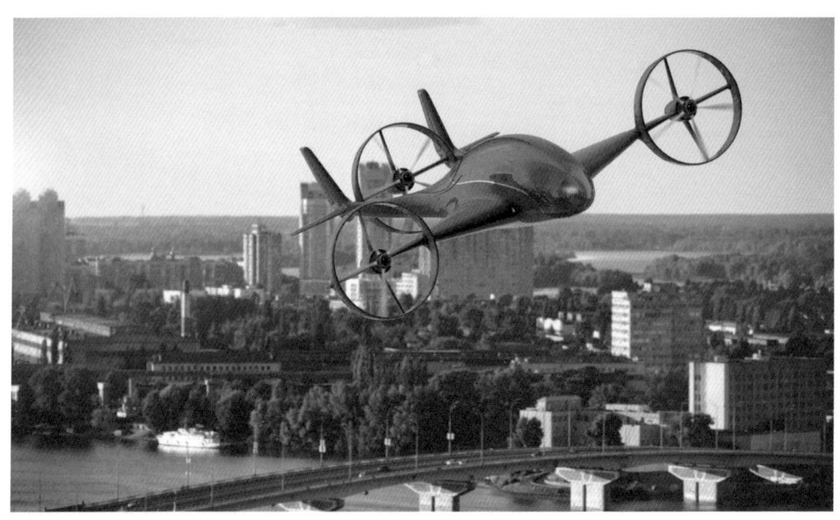

미국의 드론 개발 업체 스카이디오는 자율비행이 가능한 취미용 드론을 이미 판매하고 있고, 아마존도 물건을 배달하는 데 드론을 이용하는 방법을 수년 전부터 연구하고 있습니다.

이 가능한 취미용 드론을 이미 시장에 판매하고 있고, 미국의 인터넷 쇼핑몰 아마존은 물건을 배달하는 데 드론을 이용하려고 수년 전부터 시도해 왔습니다.

우버에서는 네 사람이 탈 수 있는 드론 택시인 우버 에어Uber Air를 2023년에 출시하는 것을 목표로 하고 있습니다. 미래의 플라잉카 산업에서는 중국이 큰 역할을 할 가능성이 높습니다. 중국의 드론 기업 이항eHang에서는 2018년 승객을 태운 드론 택시의 비행 영상을 유튜브에 공개했습니다. 최근에는 중국의 한 농부가 직접 발명한 드론을 등에 메고 하늘을 나는 영상을 올려 화제가 되기도 했습니다.

복잡한 도심에서는 하늘은 나는 택시보다 1인용 운송수단인 퍼스널 모빌리티가 더 유용할 수 있습니다. 초기의 전동 휠인 세그웨이Segway는 2001년 처음 출시될 때만 해도 '세상을 바꿀 만한 발명품', 'PC의 발명에 견줄 만한 대단한 발명품'으로 불렸지만, 가격이 비싸 큰 인기를 끌지 못하고 몇 년 전 중국의 제조 회사인 나인봇Ninebot에 팔리고 말았습니다.

취미용으로 사람들에게 처음 알려졌던 전동 킥보드는 가까운 거리를 이동하는 데 편리한 교통수단으로 사용됩니다. 서울 강남을 중심으로 다양한 공유 전동 킥보드 회사들이 서로 경쟁하고 있습니다.

퍼스널 모빌리티는 사람들이 빠르고 편리하게 가까운 곳으로 이동할 수 있도록 합니다. 이는 자동차나 드론보다 훨씬 더 개인화된 교통수단입니다. 현재 전동 휠과 전동 킥보드로 대변되는 퍼스널 모빌리티는 미래에 더 가볍고 멀리 가며 안전하게 빨리 움직일 수 있도록 변화할 것입니다. 미래 도시의 교통수단에는 자율주행 자동차, 퍼스널 모빌리티와 무인 드론 등이 다양하게 섞여 있을 가능성이 큽니다.

새롭게 생길 교통사고 문제

첨단 기술이 사고를 줄일 수 있겠지만 사고를 완전히 없애지는 못합니다. 오히려 여러 가지 새로운 문제와 윤리적 논쟁을 낳을 수 있습니다. 예를 들어 자율주행 자동차를 몰다가 교통사고가 나면 책임은 누가 져야 할까요? 자동차를 설계한 회사에 있을까요, 운전자에게 있을까요? 자동차의 인공지능은 운전자와 보행자 중 누구를 먼저 구해야 할까요? 또한 아무리 법을 강화해도 사고를 완전히 막을 수는 없습니다. 사고를 완전히 없애거나, 거의 없는 정도로 줄이기 위해서는 그 대가로 감수해야 할 것들이 있습니다.

최근에 '민식이법'을 두고 사람들 사이에 뜨거운 논쟁이 있었습니다. 민식이법이란 2019년 9월 충남 아산의 한 어린이 보호구역에서 당시 아홉 살이던 김민식 어린이가 교통사고로 사망한 이후 발의된 법안입니다. 어린이 보호구역 내에 신호등과 과속 단속 카메라를 꼭 설치하게 하고 보호구역 내 교통사고가 생기면 운전자를 더욱 강하게 처벌하자는 내용을 담고 있습니다. 운전자의 부주의로 어린이 보호구역에서 어린이가 사망하면 최소 3년 이상의 징역에 처하며, 무기징역에 처하는 것도 가능하게끔 했습니다. 대다수의 사람이 법안을 찬성했지만, 이 법이 국회를 통과하자 운전자에게 너무 과한 처벌이 아니냐는 사람들의 청원도 잇따르고 온라인에서는 뜨거운 찬반 논쟁이 벌어졌습니다.

교통사고는 우리 사회가 '보행자와 운전자의 안전'이라는 가치를 '빠르고 편리하게 이동할 수 있는 권리'라는 가치에 비해 얼마나 더 중요하게 여기냐에 따라 지금보다 줄어들거나 그렇지 않을 수 있습니다. 이 둘은 추의 양 끝과 같습니다. 기술과 법규는 이 추의 중심을 움직일 수는 있지만, 한쪽이 올라가면 다른 한쪽은 내려가는 것을 막을 수는 없습니다. 과연 우리는 교통사고로 목숨을 잃는 사람이 단 한 명도 없는 사회를 만들 수 있을까요?

사람을 직접 만나지 않고 생활할 수 있을까?

2040년 7월 17일 다른일보 이미래 기자

가상세계 시장 크기가 현실 세계를 넘어서다

가상현실에서 이루어지는 비대면 거래의 경제 규모가 올해 처음으로 실물 경제를 넘어설 것으로 예상된다. 1990년대 게임 아이템 거래에서 시작된 가상세계의 거래 규모는 하이퍼 리얼리티 가상현실 기술이 보편화되면서 최근 수년간 가파른 성장세를 보여 왔다.

하이퍼 리얼리티 가상현실 기술은 가상공간을 소수의 게임 마니아만 이용하던 곳에서 일상생활의 중요한 요소로 바꾸는 데 지대한 공헌을 했다. 이제 가상공간은 우리 국민이 하루 일과의 절반 이상을 보내는 주요 생활공간이 되었다. 2025년 이후 태어나 가상공간에서의 생활 방식에 익숙해진 'V-세대'를 중심으로 실물 경제도 음식 배달이나 택배를 통한 '주문 문화'에서 3D 프린트를 이용한 '출력 문화'로 빠르게 변화하고 있다.

이러한 변화로 인해 실제 사람을 만나지 않고 생활할 수 있는 시간도 빠르게 늘고 있으며 이에 따라 여러 부작용이 생기고 있다. 사람을 직접 만나는 생활에 익숙한 노년층을 중심으로 외로움을 호소하는 사람들이 늘고 있어 정부에서는 이들이 가상현실 세계에 쉽게 적응할 수 있도록 상담과 의료지원 확대를 고려하고 있다. 한편, 일부에서는 가상현실 세계에 너무 빠져들어 현실 세계를 부정하는 은둔형 외톨이가 새로운 사회문제로 떠오르고 있다.

좋아하는 사람만 만나면서 살 수는 없을까?

우리는 매일 많은 사람을 만나며 살아갑니다. 아침에 일어나서 가족을 만나고, 학교에 가서 선생님과 선후배, 친구들을 만나고, 학원에 가서 학원 선생님과 또 다른 친구들을 만납니다. 동네에서는 이웃들과도 마주칩니다. 직장에 다니는 어른들은 직장 동료와 상사, 고객 등 여러분보다 더 많은 사람을 만나며 생활할 것입니다.

그중에는 매일 보고 싶은 사람들도 있고, 그렇지 않은 사람들도 있습니다. 같은 반 보연이는 얼굴만 봐도 웃음이 절로 나오는 단짝 친구지만 나만 보면 괜히 시비만 거는 윤호와는 마주치고 싶지 않습니다. 문득 이런 상상을 해봅니다. 보기 싫은 사람의 얼굴은 안 보고, 보고 싶은 사람만 보고 살 수는 없을까요? 학교에 가서 보연이만 만나고 윤호는 피할 수 있을까요? 현실 세계에서는 불가능한 일입니다.

그렇지만 우리가 맺는 관계는 현실 세계에만 존재하는 것이 아닙니다. 스마트폰으로 게임을 하다 보면 게임 속에서 많은 친구를 만납니다. 그중에는 같은 반 친구들도 있지만 한 번도 얼굴을 보지 못한 친구도 많습니다. 기술이 더 발달한다면 언젠가는 학교에 가지 않고 집에서 좋아하는 친구하고만 공부하고 놀 수 있지 않을까요?

사람을 만나지 않고도 일할 수 있다면

우리는 이미 사람을 직접 만나지 않고도 여러 가지 일을 할 수 있게 되었습니다. 물론 많은 사람이 아침마다 집과 일터를 오가는 생활을 합니다. 때때로 회사에 바쁜 일이 있으면 야간 근무를 하고, 다른 지방이나 외국으로 출장을 가는 일도 생깁니다. 하지만 다양한 기술이 발전하면서 온라인으로 다른 사람과 실시간으로 접촉하는 것이 가능해졌습니다. KTX와 같은 빠른 교통수단은 전국을 1일 생활권으로 묶어 주었지만 실시간으로 온라인을 통해 대화하는 것에 비할 바는 아닙니다. 우편이나 전화로 서로 의사소통하던 방식은 이메일, 화상회의, 다양한 메신저 프로그램을 이용하는 형태로 바뀌어 왔습니다. 새로운 일을 구하고 계약하는 과정도 온라인으로 이루어집니다.

이렇게 온라인으로 소통하며 집에서 근무하면 출퇴근에 필요한 시간을 줄일 수 있고, 정해진 근무 시간이 아니라 내가 일하고 싶을 때 일을 할 수 있어 자유롭습니다.

가상현실 기술부터 4D 프린터까지

세계 곳곳에 지점이 있는 글로벌 기업들은 서로 다른 나라에 근무하는 직원들끼리 화상회의를 하는 것에 익숙합니다. 하지만 서로 직접 만나서 얼굴을 마주보고 대화하는 것만큼 실감 나는 의사소통은 어렵습니다. 그래서 아직은 얼굴을 직접 보고 대화하는 것을 선호하는 사람이 많습니다.

가상현실 기술이란 컴퓨터로 만든 가상의 세계에서 사람이 실제와 같은 체험을 할 수 있게 하는 최첨단 기술입니다. 최초의 가상현실 기술은 1960년대 후반 미국 유타대학교의 이반 서덜랜드Ivan Sutherland가 HMD를 연구하면서 개발되었습니다. 본격적으로 사용되기 시작한 것은 미국항공우주국에서 승무원들을 훈련할 컴퓨터 상호작용 시스템을 구축하면서부터였습니다. 한동안 가상현실 기기는 비싼 가격과 낮은 성능 때문에 대중의 관심을 받지 못했지만, 2010년 이후 다양한 게임용 가상현실 기기들이 만들어지면서 본격적으로 확산되었습니다. 가상현실 HMD를 쓰고 자동차 경주 시뮬레이션 게임을 하면 마치 내가 직접 자동차를 운전하는 느낌을 받을 수 있습니다.

> **HMD**
>
> 머리 착용 디스플레이Head Mount Display의 약자로, 안경처럼 머리에 착용하고 사용하는 모니터를 뜻합니다. 휴대하면서 영상물을 대형 화면으로 즐길 수 있습니다. 미국 공군에서 군사용으로 처음 개발했습니다.

아직까지는 여러 기술적인 문제로 실제와

가상현실 기술은 게임용 기기들이 만들어지면서 대중적으로 알려졌습니다. 가상현실 HMD를 쓰고 자동차 경주 시뮬레이션 게임을 하면 마치 내가 직접 자동차를 운전하는 느낌을 받을 수 있습니다.

완전히 똑같은 느낌을 받지는 못합니다. 우선 장시간 착용은 어렵고, 시각과 청각 외에 후각, 촉각 등의 다른 감각을 느낄 수 있는 장치는 아직 보편화되어 있지 않습니다. 하지만 이러한 문제점을 해결한 가상현실 기기가 등장한다면 우리의 생활은 크게 바뀔 것입니다.

미국의 유명한 영화감독 스티븐 스필버그Steven Spielberg가 제작한 〈레디 플레이어 원Ready Player One〉2018이라는 영화는 가상현실 세계가 바꿀 미래의 모습을 잘 표현하고 있습니다. 이 영화는 '오아시스'라는 가상현실 게임이 보편화된 2045년의 미래를 배경으로 한 모험물로, 가상현실 공간을 지배하는 능력이 곧 현실 세계에서의 능력으로 이어집니다.

영화와 같은 수준의 가상현실 세상을 구현할 수 있다면 멀리 떨어져 있는 사람들을 만나기 위해 굳이 자동차나 비행기를 타고 이동할 필요가 없을 것입니다. 하지만 친구들과 가상 세계에서 만나 수다를 떠는 세상이 오더라도, 현실 세계의 나의 육체는 살기 위해 음식과 다양한 물건을 필요로 합니다.

예전엔 외식을 할 때 음식점이나 가게를 이용했지만 '배달의 민족', '요기요'와 같은 배달 플랫폼으로 집에 가만히 앉아서 다양한 음식을 주문할 수 있습니다. 쇼핑도 마찬가지입니나. 백화점이나 대형 쇼핑몰에 굳이 가지 않아도 '쿠팡', '옥션', '11번가' 같은 온라인 쇼핑몰에서 훨씬 더 많은 제품을 볼 수 있습니다. 하지만 사람과 만나는 시간을 줄여 주긴 해도 완전히 없애지는 못합니다. 주문한 물

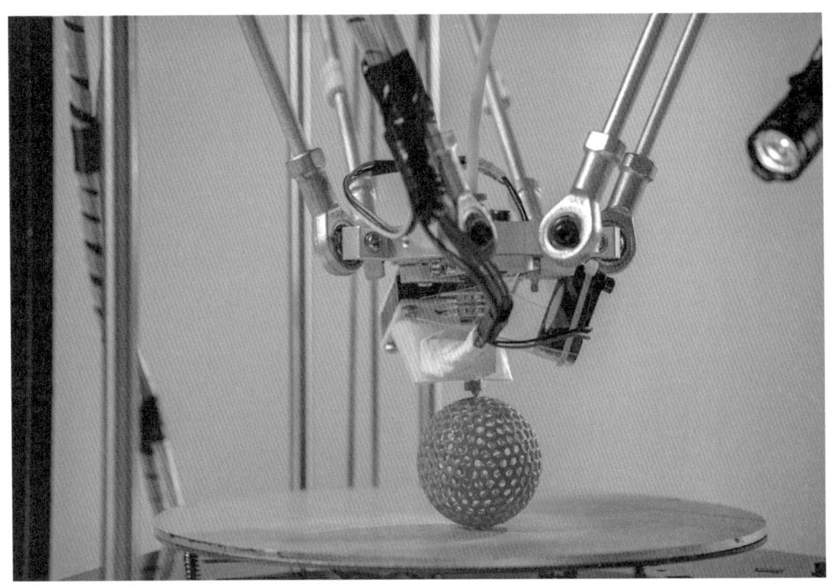

현재 다양한 3D 프린팅 기술이 연구되고 있습니다. 금속이나 복합재료도 출력하는 3D 프린터, 음식을 만들어 내는 푸드 3D 프린터도 등장할 것입니다.

건을 받기 위해서는 잠시 동안이나마 실제 사람과 만나야 합니다. 과연 미래에는 이 짧은 순간마저도 없어질까요? 3D나 4D 프린팅 기술이 이를 가능케 할지도 모릅니다.

3D 프린터는 주로 플라스틱 수지를 이용해서 다양한 제품의 프로토타입prototype, 본격적으로 시장에 출시하기 전에 성능을 시험해 볼 목적으로 핵심 기능만 넣어 만든 제품을 빠르게 만드는 데 이용되고 있습니다. 현재 다양한 3D 프린팅 기술이 연구되고 있으며 앞으로 이를 활용한 제품들이 등장할 것입니다. 건물을 짓는 3D 프린터, 인공 장기나 세포를 만들어 내는 생체 3D 프린터, 플라스틱만이 아닌 금속이나 복합재료도 출력하는 3D 프린터, 음식을 만들어 내는 푸드 3D 프린터가 그것입니다.

최근에는 4D 프린팅 기술도 주목을 받고 있습니다. 4D 프린팅이란 3D로 프린트한 물체에 스스로 변형하는 특성을 더한 기술입니다. 온도, 수분, 바람 등에 따라 변형이 가능한 특수 소재를 사용해 프린팅하면 지정된 조건에 따라 결과물의 모양이나 특성은 변화합니다. 이 기술이 발전하면 3D 프린터를 이용해 출력한 부품들이 인간이나 기계의 도움 없이 스스로 움직여 최종 결과물로 완성됩니다. 2016년 자동차 회사 BMW는 창사 100주년을 기념해 4D 프린팅 기술을 적용한 비전 넥스트 100 콘셉트Vision Next 100 Concept라는 차를 선보였습니다. 이 차는 운전 상황에 맞게 자동차 바퀴의 모양이 바뀝니다. 운전자가 차에서 잠시 휴식을 청할 때 운전석이 부풀어 침대처럼 변하기도 합니다.

BMW에서 선보인 4D 자동차는 운전 상황에 맞게 자동차의 모양이 바뀝니다. 운전석이 부풀어 침대처럼 변할 수도 있습니다. © Grzegorz Czapski

이런 3D, 4D 프린터가 널리 판매되면 물건을 사지 않고 출력해서 사용하는 세상이 올지도 모릅니다. 외식을 하는 대신에 인터넷에서 유명한 요리사의 요리법을 다운로드해 푸드 3D 프린터로 출력하고, 쇼핑을 하는 대신 일상생활에 필요한 물건들의 도면을 다운로드해서 4D 프린터로 출력하는 것입니다. 이런 시대가 되면 정말로 더는 사람을 만나지 않고도 모든 생활이 가능해질 수 있습니다.

다른 사람들을 만나지 않고 생활하는 것이 당연해질까?

사람들을 직접 만나지 않고 다양한 일을 할 수 있게 된 것은 많은 편리함을 가져다줍니다. 물론 아직도 많은 직장인이 정해진 시간에 회사에 출퇴근하고 있지만, 최근에는 고정된 사무실에서 일하지 않거나, 집에서 재택근무를 하는 사람들이 많아지고 있으며 이에 따라 출퇴근 시간을 줄이고 내가 원하는 시간에 일을 할 수 있게 됩니다.

가상현실은 새로운 나를 표현할 수 있는 공간이기도 합니다. 현실에서 왕따를 당하는 친구도 게임 속에서는 주인공이 될 수 있습니다. 장애를 가진 사람들에게도 이런 기술은 많은 도움이 될 수 있습니다. 온라인 세상에서는 내가 원하는 대로 나를 표현하는 아바타를 만들 수 있고 현실 세계의 장애가 온라인 세상에서는 제약이 될 수 없습니다.

또한 점점 복잡해지는 세상에서 가상현실 세계는 잠시 사람들로부터 벗어나 개인의 사생활을 보호하고 심리적인 안정을 느끼는 공간이 될 수도 있습니다. 이처럼 가상현실 세계는 현실 세계의 도피처로 이용될 수도 있지만 이에 지나치게 몰입해 현실 세계를 부정하는 사람들이 생겨날 수도 있습니다. 언젠가는 영화 〈매트릭스Matrix〉1999나 〈공각기동대Ghost in the Shell〉1995에서처럼 현실의 나와 가상현실의 나 중에서 누가 진짜인지 몰라 혼란스러운 세상이 올지 모르는 일입니다.

빌딩 하나가 도시가 된다?

2040년 8월 18일　　다른일보 이미래 기자

50만 명을 수용하는 초고층 빌딩이 완공되다

오늘 도시형 초고층 건물 '빈스토크'가 완공되었다. 이 건물의 이름은 31년 전 출간된 배명훈 작가의 소설《타워》에 나오는 초고층 빌딩의 이름 빈스토크Beanstalk에서 따왔다.

출간 당시《타워》는 SF 소설이라기보다는 엉뚱한 미래의 상상을 통해 세태를 풍자한 풍자 소설에 가깝게 여겨졌다. 하지만 이 빌딩은 당시에는 허무맹랑하게 생각되었던 여러 가지를 실제로 이루었다. 빌딩은 어마어마한 높이와 면적을 자랑한다. 높이는 674층에 이르고, 빌딩 내부에는 무려 50만 명을 수용할 수 있어 하나의 도시라고 봐도 무방하다. 빈스토크는 오늘 완공과 함께 기네스북에 세계에서 가장 높은 빌딩으로 등재되었다.

41개월 만에 빌딩 공사가 마무리되자 옛 소설이 다시 베스트셀러에 오르는 등 화제가 되고 있다.

앞으로 빈스토크에는 다양한 첨단 기업들의 본사가 들어

설 예정이다. 빌딩 내 회사와 그곳에서 일하는 사람들에게서 생산되는 경제적 가치는 웬만한 국가의 GDP에 맞먹을 것으로 전망되고 있다.

초소형 주택이 등장하다

2019년 겨울 서울시 광진구의 한 아파트 화단 옆 5평쯤 되는 자투리 땅에 3층짜리 초소형 주택이 들어서면서 큰 화제가 되었습니다. 겨우 5평 남짓한 땅에 어떻게 주택이 들어설 수 있을까요? 3층의 공간을 모두 합한 면적은 겨우 6평19.52제곱미터 정도입니다. 원래 이 지역은 연립주택한 건물 안에서 여러 가구가 각각 독립된 주거 생활을 할 수 있도록 지은 공동주택이 늘어서 있었지만 아파트 단지로 재개발되었는데, 이 땅만은 그러지 못했습니다. 땅의 주인이 소유권을 넘기는 대신 아파트 분양권을 달라고 요구하다가 거절당하고 오랫동안 방치되어 있었습니다. 덩그러니 남아 있던 이 자투리땅을 사서 건물을 지은 사람은 1층은 카페로 사용하고 2, 3층은 주택으로 사용할 것이라고 밝혔습니다.

대도시에 사는 사람의 수가 늘어나면서 건물을 지을 수 있는 공간은 점점 부족해지고 있습니다. 이에 따라 서울 중심지의 땅값은 점점 오르고 있습니다. 서울에서 유동인구가 가장 많은 명동은 공시지가정부가 공시한 토지의 단위 면적당 가격가 가장 높은 곳의 땅값이 평당 무려 6억에 달합니다.

정부에서는 부동산 시장을 안정시키기 위해 다양한 정책을 내세우고 있지만 하늘 높은 줄 모르고 치솟는 집값을 잡기는 쉽지 않아 보입니다.

2011년부터는 두 가구가 토지를 공동으로 사서 원래 한 채의 건물을 지을 수 있을 만한 땅에 두 가구의 건물을 나란히 짓는 '땅콩주택'이 생기고 있습니다. 듀플렉스 하우스Duplex House라고도 불립니다. 땅을 사는 비용을 분담하므로 저렴하게 단독주택을 지을 수 있습니다. 창문의 크기가 작고 두 집이 붙어 있어 단열에도 유리해 에너지 소비가 적습니다. 하지만 토지와 건물을 두 가구가 공동으로 소유하므로 집의 수리나 담보대출 등을 두고 거주자끼리 분쟁이 발생할 수 있는 점은 단점으로 꼽힙니다. 최근에는 땅콩주택을 넘어서너 가구가 모여 사는 완두콩주택도 등장하고 있습니다.

얼마나 높은 건물을 지을 수 있을까?

앞서 소개한 광진구의 초소형 주택 같은 집이나 땅콩주택은 높은 땅값에 대한 대안으로 도심의 좁은 공간에 들어서게 되었습니다.

한편 작은 땅에 가능한 많은 공간을 만들기 위해 고층화한 건물도 많이 세워집니다. 뉴욕이나 상하이, 홍콩, 싱가포르와 같이 땅값이 비싼 대도시의 스카이라인이 화려한 이유입니다.

우리나라도 만만치 않습니다. 현재 우리나라에서 가장 높은 건물은 2016년 지어진 롯데월드 타워입니다. 123층 555미터 높이로 세계에서 다섯 번째로 높은 건물입니다. 현대자동차는 2026년까지 롯데월드 타워보다 더 높은 초고층 빌딩을 지을 계획입니다. 삼성동 부지에 들어설 현대자동차의 글로벌 비즈니스 센터는 높이가 569미터에 이릅니다.

세계에서 가장 높은 건물은 아랍에미리트의 두바이에 있는 부르즈 할리파Burj Khalifa로 무려 163층 828미터의 높이를 자랑합니다. 이 또한 현재 사우디아라비아에 건설 중인 제다 타워Jeddah Tower가 완공되면 세계 최고층 빌딩의 자리를 넘겨줄 것입니다. 계획대로 2021년에 완공된다면 제다 타워는 높이가 무려 1킬로미터가 넘는 168층 1,008미터 세계 최초의 건축물이 될 것입니다.

이미 70여 년 전인 1956년에 미국의 건축가 프랭크 로이드 라이트Frank Lloyd Wright는 높이 1,600미터에 이르는 초고층 건물을 구상했습니다. 이러한 초고층 건축물은 건축물의 무게를 견딜 수 있도록 높은 압력에 버티는 재료와 높은 곳에서 옆으로 부는 바람을 견뎌낼 수 있는 다양한 기술이 필요합니다. 또 이렇게 큰 건물은 내부에서의 이동도 큰 문제입니다. 당시 엘리베이터의 최고 속도는 시속 20킬로미터일 뿐이었지만 지금은 시속 70킬로미터 이상으로 빨라졌습니다. 1,600미터의 건축물이 실제로 지어지는 것도 이제는 시간 문제입니다.

땅콩주택은 두 가구가 나란히 붙은 형태의 주택입니다.

세계에서 가장 높은 빌딩인 두바이의 부르즈 할리파는 무려 168층 828미터의 높이를 자랑합니다.

땅 없이도 집을 짓는 획기적인 방법

스웨덴도 우리와 사정은 조금 다르지만 주택난에 시달리고 있습니다. 2015년부터 스웨덴은 15만 명이 넘는 시리아 난민을 수용해 왔습니다. 스웨덴이 받아들인 난민의 수는 난민을 포용하는 대표적인 국가인 독일 다음으로 많습니다. 1990년대 초반 유고슬라비아 전쟁으로 발칸반도에서 이미 많은 난민이 유입되어 스웨덴은 유럽에서 이민자의 비율이 매우 높은 나라가 되었습니다. 2017년 스웨덴으로 온 난민의 수는 스웨덴의 인구 100만 명당 3,125명으로 독일, 오스트리아에 이어 세 번째로 높은 것으로 집계되었습니다.

사회민주주의 국가인 스웨덴 정부는 시리아 난민을 받아들이면서 이들에게 주택을 무상으로 제공했습니다. 이들을 수용하기 위한 아파트들을 짓기 시작하면서 스톡홀름과 같은 대도시 주변에서는

유고슬라비아 전쟁

유고슬라비아 연방 영토의 6개 공화국에서 인종과 정치적 갈등으로 1991년부터 1999년까지 수차례에 걸쳐 일어난 전쟁입니다. 이 전쟁으로 수백만 명의 난민이 생겼으며 사망자 수는 아직도 헤아릴 수 없을 정도입니다. 특히 세르비아의 코소보 지역에서는 분리 독립을 주장하는 알바니아인을 세르비아 군대가 무차별 학살하는 '인종청소'까지 벌어졌습니다. 1990년대 내내 이어진 전쟁 끝에 유고슬라비아 연방은 슬로베니아, 크로아티아, 세르비아 등 7개 국가로 나뉘어 해체되었습니다.

한국과 같은 건설 붐이 일어났습니다. 이는 스웨덴 전역의 주택난과 부동산 가격 폭등을 부채질했습니다. 지난 20년간 스톡홀름의 주택 가격 상승률은 무려 700퍼센트가 넘고 난민들이 많이 정착한 곳에서는 1,500퍼센트에 가까운 상승률을 보인 곳도 있습니다.

이런 상황에서 스웨덴의 건축 회사인 모던 우든하우스Modern Woodenhouses와 두 건축가 엘리자베타 가브리엘Elisabetta Gabrielli, 폰투스 오만Pontus Öhman은 협력해 독특한 해결 방안을 제시했습니다. 바로 네스트 인 박스Nestinbox라는 새로운 형태의 주택을 짓는 것입니다. '새의 둥지'라는 뜻의 이름이 붙은 이 건물은 도심의 암벽에 매달린 형태의 작은 건축물입니다. 크기가 작아 1~2인 가구만 살 수 있습니다. 스웨덴에는 도심 속에 크고 작은 절벽이 많습니다. 이를 활용해 건축가들은 땅 위에 짓지 않아도 되는 저렴한 주택 공급 방법을 제안한 것입니다. 아직 실현되지는 않았지만 건축가들은 스웨덴 정부의 지원을 받아 시도하고 있습니다. 만약 이런 주택이 지어진다면 토지가 필요하지 않은 효율적인 주택 건설의 좋은 사례가 될 것입니다.

아직은 불가능하지만 더 과감한 상상도 있습니다. 하늘 위에 건물을 짓는다면 어떨까요? 2017년 뉴욕의 건축설계 회사 클라우드 AOClouds AO는 소행성에 매달린 고층 건물인 아날레마 타워Analemma Tower에 대한 구상을 발표했습니다. 아날레마 타워 건설에는 우주 궤도 지지 시스템UOSS, Universal Orbital Support System이라는 방식이 사용되는데, 이는 소행성을 움직여 5킬로미터 상공에 놓은 다음 초고층 타워를 고강도 케이블로 소행성에 매달아 땅을 향해 만들어 나가는 방식을 뜻합니다. SF 소설에 처음 등장해 실제로 건설에 대한 연구가 이루어지고 있는 우주 엘리베이터와 같은 원리를 이용한 것입니다. 아날레마 타워의 전체 길이는 무려 3만 2,000미터에 이릅니다. 물론 소행성을 지구 근처로 끌고 와 그곳에 건물을 매다는 기술은 아직 없습니다. 하지만 이 회사는 미국항공우주국이 연구하고 있는 소행성 궤도 변경 임무를 근거로 미래에는 소행성에 끈을 매다는 작업이 가능해질 것이라고 주장합니다.

우리는 어떤 곳에서 살아가게 될까?

우리나라의 기업 삼성에서도 2016년에 〈스마트싱스 미래 생활 보고서The SmartThings Future Living Report〉에서 100년 뒤 우리의 일상과 일, 여가 생활이 어떻게 변화할 것인지 예측했습니다. 보고서에 따르면 미래에는 집을 지을 공간과 자원이 부족해짐에 따라 초고층 빌딩과 수중 도시가 가장 강력한 미래 트렌드가 될 것으로 보인다고 합니다. 미래의 슈퍼 초고층 빌딩은 건물 하나가 도시의 역할을 하게 됩니다. 물속에 건설될 수중 도시는 풍부한 물을 전기분해해 도시에 필요한 공기와 전력을 생산합니다.

또 앞서 아날레마 타워를 구상했던 건축설계 회사는 최근 미국항공우주국과 함께 화성에 건설될 마스 아이스 홈Mars Ice Home이라는 건축물을 설계하는 프로젝트를 진행하고 있습니다. 아이스 홈은 풍선으로 이루어진 구조물 내부에 물과 얼음을 사용하여 거주자를 방사선으로부터 보호하고 화성 대기에서 추출한 이산화탄소 층과 함께 단열에 활용됩니다.

앞으로 우리는 어떤 곳에서 살아가게 될까요? 우리는 앞서 소개한 다양한 방식으로 살아갈 가능성을 모두 가지고 있습니다. 자연환경을 아끼고 훼손하지 않으려는 마음을 가진 사람들이 늘어난다면 네스트 인 박스와 같은 자연 친화적인 작은 주택이 많이 만들어질 것입니다. 하지만 경제성장을 우선시하는 사람들의 마음은 우리를 '빈스토크'와 같은 초고층 건물로 이루어진 도시에서 살아가게 할지도 모릅니다.

어쩌면 우리가 딛고 있는 땅을 벗어나 바닷속이나 땅속, 하늘에서 살아갈 날이 올지도 모릅니다. 지구를 벗어나 우주로 나아가는 것은 인류의 오랜 소망이었습니다. 언젠가 그 꿈을 이루게 될지도 모릅니다. 앞으로 우리가 어떤 곳에서 살아가든 그 모습은 많은 사람의 소망이 투영된 결과입니다. 그 소망에 따라 우리 삶의 형태 또한 크게 변화할 것입니다.

3부

도시와 생활

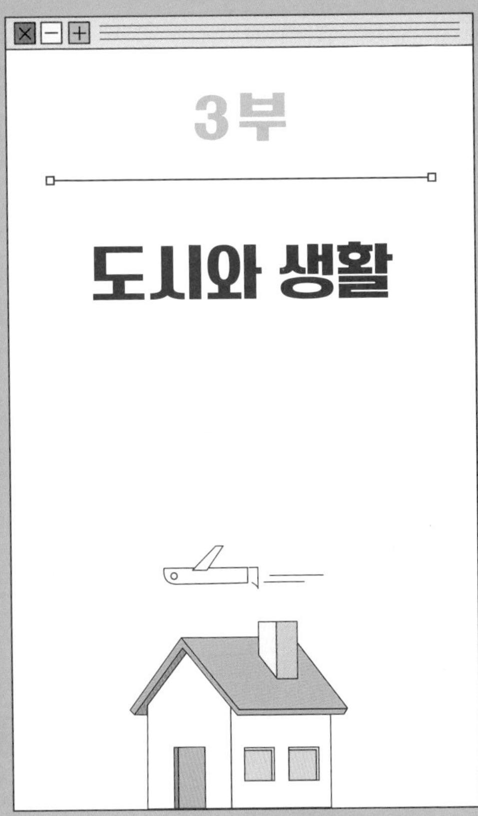

미래에도 밤길을 조심해야 할까?

2040년 9월 19일 다른일보 이미래 기자

'딥페이크 개인정보 바꿔치기' 피해 속출

인공지능 기술을 이용해 특정 인물의 얼굴을 영상이나 이미지에 합성하는 딥페이크deepfake 기술로 개인정보를 바꿔치기하는 사례가 잇따르고 있다. 이는 인공지능 기반 상황인식 시스템 '지니'가 최근 도입되면서 생기는 문제다.

지니는 개인의 위치와 행위, 생체신호는 물론 과거의 생활 이력과 주변 환경을 토대로 시민들에게 상황에 맞춘 서비스를 자동으로 제공해 준다. 개인의 위치를 실시간으로 추적해 위험이 감지되면 경찰이나 119를 자동으로 호출해 범죄율이 20퍼센트 떨어졌다는 통계가 나왔다. 지니는 많은 사람의 생명을 구하기도 하고, 상업적으로도 활용되고 있다. 2039년에만 약 400조 원가량의 경제적 효과를 거둔 것으로 보고되었다.

그런데 지니와 같은 개인정보 활용 기술의 도입을 완전히 없애야 한다고 주장하는 '개인정보 원리주의자'들이 등장했다. 이들은 단순히 지니에게 개인정보 제공을 거부하는 것에서 그치지 않는다. 딥페이크 기술을 이용해 개인의 정보를 타인의 정보로 바꿔치기하는 해킹을 통해 시스템 자체를 무력화하려고 시도하고 있어 사회문제가 되고 있다. 이들은 지금과 같은 개인정보의 활용은 결국 우리의 일거수일투족을 감시하는 '빅 브라더'의 탄생을 가져올 것이라고 주장한다.

개인정보 해킹을 당한 피해 사례는 무척 다양하다. "여의도로 출근하려고 무인택시를 탔는데 갑자기 행선지가 종로로 바뀌었다", "나는 분명 여성인데 남성용 제품을 소개하는 홀로그램 광고를 접했다" 등의 제보가 이어진다.

경찰에서는 신생 정당 정보자유당이 개인정보 원리주의자들과 협조하는 관계는 아닌지 의심하고 수사를 시작했다. 정보자유당 대변인은 기자회견을 열고 "지니 시스템은 시민의 자유를 침해하는 '감시 사회'로 가는 지름길이다"라며, 경찰의 수사를 정치적 탄압이라고 강하게 비판했다.

첨단 기술로 미제 사건을 해결하다

1980년대 세상을 떠들썩하게 했던 '화성 연쇄 살인 사건'의 범인이 잡혔다는 뉴스가 화제가 되었습니다. 화성 연쇄 살인 사건은 1986년부터 1991년까지 경기도 화성 일대에서 열 명의 부녀자들이 성폭행 당하고 살해된 사건입니다. 봉준호 감독이 이 사건을 모티브로 〈살인의 추억〉2003이라는 영화를 만들기도 했습니다.

당시 경찰은 한 해에 200만 명이나 되는 인력을 투입해 수사를 벌였지만, 범인을 잡는 데 실패했습니다. 그러다가 무려 30년이 지나서야 범인을 잡을 수 있었던 데는 과학기술의 힘이 큽니다. 새로이 개발된 DNA 증폭 기술로 사건 현장에 남겨진 증거품에서 새로운 DNA를 추출한 것입니다. 이를 토대로 교도소 수감자들의 DNA와 대조하던 중 DNA가 일치하는 범인을 찾아냈습니다. 범인은 이미 다른 사건으로 무기징역을 선고받고 복역 중이었습니다. 안타깝게도 사건의 공소시효는 2006년 이미 만료되어 범인을 처벌할 수는 없습니다. 하지만 미궁 속에만 있던 범인을 찾아낸 것에 의의가 큽니다.

당시 사건과 비슷한 범죄가 다시 일어난다면 이번에는 빠르게 범인을 찾아낼 수 있을까요? 현재는 충분히 가능합니다. 당시는 과학적인 수사 기법이 본격적으로 도입되기 전이었습니다. DNA 감식 같은 과학수사가 걸음마 수준으로 막 시작되던 시기였습니다. 지금은 범인이 현장에 남긴 담배꽁초나 머리카락 같은 사소한 증거물을 분석해서 더 빠르게 범인을 찾아낼 수 있습니다. 무엇보다도 범행 장소 곳곳에 설치된 CCTV를 이용하면 범인을 찾아내는 것은 물론이고 범인의 행적을 추적해 바로 체포하는 것도 가능하지 않을까요?

우리 생활 곳곳에 있는 CCTV

CCTV는 1971년 서울시에서 교통을 관리하기 위해 주요 교차로 열두 곳에 설치하면서 우리나라에 처음 도입되었습니다. 1988년 서울올림픽이 열릴 당시 잠실종합운동장에 설치되었던 CCTV의 개수는 어느 정도였을까요? 오늘날 마트 한 곳에 설치된 대수에도 못 미치는 열두 대였습니다.

처음 CCTV가 도입될 때는 사생활 침해를 이유로 설치를 반대하는 의견이 많았습니다. 특히 개인이 소유한 건물 등 사적인 영역에 설치할 때는 더욱 그랬습니다. 하지만 지금은 안전을 위해 CCTV를 설치하는 것을 당연하게 여기는 세상이 되었습니다. 아동학대를 막기 위해 유치원과 어린이집 내부에 CCTV를 설치하고, 어린이가 교통사고를 당하지 않고 안전하게 걸어 다닐 수 있도록 아동보호 구역 내에도 설치하는 것이 의무화되었습니다. 의료사고 방지를 위해 수술실에 CCTV를 설치하자는 의견에도 많은 사람이 찬성하고 있습니다.

공적인 영역뿐 아니라 사적 공간에도 CCTV를 설치하고 있습니다. 개인이 운영하는 가게에서는 도난을 막기 위해 기본으로 설치합니다. 대다수 승용차는 움직이는 CCTV인 블랙박스를 장착하고 있습니다. 누군가 주차장에 주차된 차 문짝을 긁고 사라졌을 때, 대문 앞에 둔 우편물이 사라졌을 때 CCTV를 확인하는 것이 일상이 되었습니다.

현재 우리나라는 중국, 영국과 함께 CCTV가 많이 설치된 나라로 알려져 있습니다. 2016년 기준으로 전국에 설치된 CCTV 개수는 400만 개가 넘습니다. 국가인권위원회의 자료에 의하면 지난 2010년에 이미 서울시민이 지하철역에서 집까지 500여 미터를 걷는 3분 동안 약 스무 차례, 9초에 한 번꼴로 카메라에 찍힐 정도였다고 하죠. 점점 더 많은 CCTV가 설치되고 있는 요즘에는 이보다 더 자주 카메라에 노출될 것입니다. 전체 자동차의 60퍼센트 이상에 설치된 블랙박스까지 합치면 사실상 CCTV의 눈이 닿지 않는 곳은 없다고 봐야 할 것입니다.

우리의 안전을 지켜 주는 첨단 감시 기술

CCTV로 대표되는 첨단 감시 기술은 다양한 분야에 도입되어 우리의 생활을 편리하게 하고 안전을 지켜 주는 데 사용되고 있습니다. 우리나라의 수자원공사에서는 노인과 장애인 등 취약 계층의 안전을 위해 실시간 수돗물 원격 검침 기술을 개발해 '위기 알림' 서비스를 제공하고 있습니다. 취약 계층 가구에 **사물인터넷** 기술이 적용된 지능형 수도 계량기를 설치해 각 가구의 물 사용량을 실시간으로 점검하면서 물을 전혀 쓰지 않는 등의 이상한 징후를 포착하면 사회복지사나 보호자에게 문자로 알려 주는 것입니다. 실제로 이를 통해 2018년 경북에서 골절상으로 움직일 수 없었던 80대 독거 노인을 구했습니다.

사물인터넷IoT

가전제품, 전자기기 등 각종 사물에 센서를 부착해 실시간으로 데이터를 인터넷으로 주고받는 기술이나 환경입니다.

여학생들은 낯선 사람 때문에 불안함을 느껴본 경우가 많을 것입니다. 서울의 도시 문제를 전문적으로 조사하고 분석하는 기관인 서울연구원의 조사에 따르면 혼자 사는 젊은 여성의 절반 가까이는 일상생활에서 안전하다고 느끼지 못하고 있습니다. 누가 나를 훔쳐보지 않나, 혼자 사는 집에 누군가 침입하지 않을까 하는 불안함입니다. 택배를 받을 때, 배달 음식을 주문할 때, 늦은 밤에 귀가할 때 두려움을 느낍니다.

서울의 지하철역에 설치된 CCTV입니다. 안전을 위해 점점 더 많은 CCTV를 설치하는 것이 당연하게 여겨지는 세상이 되었습니다.

첨단 감시 기술은 위치를 추적하는 기술과 함께 여성의 안전한 귀갓길을 돕는 데 이용되기도 합니다. 서울시에서 제공하는 '안심이' 애플리케이션은 사용자의 위치를 기반으로 주변 CCTV를 관제하고 긴급한 경우 통합 관제 센터와 연결해 신속하게 대응 조치를 취합니다. 이 애플리케이션을 통해 여성을 뒤따르며 음란 행위를 한 성범죄자가 검거되기도 했습니다.

그리고 자동차에 블랙박스가 널리 설치되면서 과거에는 누가 잘못했는지 시시비비를 가리기 어려웠던 사고 상황도 예전보다 명확히 판단할 수 있게 되었습니다.

미래의 첨단 감시 기술

2013년에 등장했던 **구글 글래스**는 새로운 기술 개발의 대표적 실패 사례로 꼽히지만, 안경과 함께 제공되는 카메라를 통해 우리가 보는

구글 글래스 Google Glass

구글이 2013년 제작한 스마트 안경입니다. 스마트폰처럼 인터넷 검색이 가능하고 길 안내도 받을 수 있으며, 음성 명령도 할 수 있습니다. 그러나 가격이 매우 비싸고 안경에 내장된 카메라가 사생활을 침해한다는 논란이 일면서 소비자에게 외면당했습니다.

시각 정보를 습득하고 분석해 상황에 필요한 정보를 제공하려고 한 시도는 의미가 큽니다. 비록 소비자들에게 좋은 반응을 얻지 못해 초기 모델은 사라졌지만, 우리가 보는 세상을 데이터로 저장하고 활용하는 기술이 다시 등장하는 것은 시간문제라 할 수 있습니다.

영국의 TV 드라마 〈블랙 미러Black Mirror〉의 '당신의 모든 순간The Entire History of You'이라는 에피소드에서는 대다수의 사람이 자신이 보고 들은 기억을 언제든지 재생할 수 있는 기술이 존재하는 세계를 다룹니다. '그레인'이라는 작은 캡슐을 귀밑에 심어 두고 단말기를 조작하기만 하면 과거에 자신의 눈으로 보았던 일들을 언제든 확인할 수 있을 뿐 아니라, 상대방의 눈으로 본 일들도 동영상을 감상하듯 조회할 수도 있습니다.

50여 명의 미래학자가 제작 자문에 참여해 화제가 된 영화 〈마이너리티 리포트Minority Report〉2002에는 주인공이 거리를 지날 때마다 주인공을 향한 온갖 맞춤형 광고가 나오는 장면들이 등장합니다. 지금 인터넷 세계에서는 실제로 개인에게 맞춤화된 광고나 정보가 제공되고 있습니다.

미래의 기술은 웹사이트나 SNS에서 개인의 관심사에 맞게 광고를 제공하는 것에서 더 나아갈 전망입니다. '스마트 상황인식 기술'은 사용자의 행위, 생체신호, 과거의 생활이력, 주변 환경 등을 분석해 상황에 맞게 적절한 기능을 수행하는 기술을 말합니다. 이 기술의 구현이 본격화되면 개인에게 필요한 상품을 추천하는 것은 물론 질병이나 재해, 범죄를 겪을 가능성을 개인별로 진단하고 사전에 경고할 수 있을 것입니다. 예를 들어 밤늦게 귀가하는 이용자의 이동 경로를 자동으로 파악합니다. 그러다가 심장 박동 수가 갑자기 바뀌는 등 이용자에게서 이상한 움직임이 감지되면 시스템이 경찰에 신고하고 CCTV로 찍은 자료를 보내는 등의 일이 가능할 것입니다.

미래에는 밤길을 안심하고 다닐 수 있을까?

그렇다면 이런 첨단 감시 기술이 범죄를 줄이고 우리의 생활을 보다 안전하게 만들어 주었을까요? 지금까지의 통계를 보면 꼭 그런 건 아닌 것 같습니다. 1990년대부터 지금까지 일어난 범죄 사건의 건수와 검거율을 살펴보면 뚜렷하게 줄어들었다고 보기는 어렵습니다. 결국은 범죄의 양상도 시대에 따라 진화하기에 이를 예방하는 방법도 더 다양하게 논의해야 할 것입니다.

오히려 이러한 감시 장비를 우리 생활 곳곳에 도입한다면 개인정보가 유출될 위험이 높아지고 사생활을 침해할 수 있어 윤리적으로 더 큰 논란을 불러올 여지가 있습니다. 영국의 작가 조지 오웰George Orwell이 미래의 감시 사회를 상상하며 쓴 소설 《1984》 속 이야기가 현실이 될 수 있다는 우려도 커지고 있습니다.

중국은 인공지능을 활용해 얼굴을 인식하는 기술이 세계 최고 수준으로 알려져 있습니다. 중국 당국은 인공지능 기술과 감시 카메라를 이용해 범죄자를 식별하고 추적하는 톈왕天網이라는 시스템을 개발했습니다. 톈왕이란 '하늘의 그물'이라는 뜻입니다. 이러한 기술을 바탕으로 중국 공안은 얼굴을 인식하는 안경도 개발해 범죄자 검거에 사용하고 있습니다.

중국은 세계에서 가장 감시 카메라를 많이 설치한 국가이기도 합니다. 2018년 기준으로 무려 1억 7,000만 대의 CCTV가 설치되어 있습니다. 이러한 감시 인프라는 범죄자를 잡는 데만 사용되는 것이 아닙니다. 카메라로 수집한 자료는 앞으로 일반 시민의 일상을 감시하는 용도로 사용되어 개인의 사생활 침해로 이어질 수 있습니다. 실제로 중국 정부는 온·오프라인을 통해 수집한 각종 정보를 바탕으로 13억에 달하는 주민 개개인의 행동을 평가해 점수를 매기는 '사회신용시스템'을 구축할 계획입니다. 이 신용평가 점수로 개인이 보험에 가입하거나 돈을 빌릴 자격이 있는지 평가하고 여행도 제한할 방침입니다.

우리나라는 2013년부터 개인정보 보호법을 통해 개인정보의 수집·유출·오용·남용으로부터 사생활을 보호하고 개인정보 처리에 관한 사항을 규정하도록 하고 있습니다. 영국의 경우 이미 2006년에 개인정보 보호를 촉구하는 시민 단체의 목소리가 나왔습니다. 이들은 10년 후 영국의 개인에 대한 감시 수준이 개인정보에 접근할

중국 정부는 13억 주민 개개인의 일상을 추적하는 사회신용시스템을 2020년까지 도입할 계획입니다. 이 시스템이 매기는 평가 점수에 따라 중국 국민은 여행이 제한되는 등 일상생활에 제약을 받을 수 있습니다.
ⓒ Tony 3112

수 있는 생체 인식 기술이나 데이터베이스 기술 기반의 다양한 활동으로 인해 높아질 것이라고 예측하며 영국이 감시 사회로 접어들고 있다고 경고했습니다. 나아가 국가나 기업이 개인정보를 어느 정도 수집하고 저장할지 명확한 지침을 세워야 한다고 목소리를 높였습니다.

현재 국제사회의 정보 수집 수준은 더욱 높아지고 광범위해져서 본격적인 감시 사회에 접어들었습니다. 더 많은 정보를 저장, 공유, 이용하면서 생활이 편리해지는 만큼 개인의 사생활이 침해당하는 경우도 자주 생깁니다. 새로운 기술을 도입할 때는 편리성뿐만 아니라 부작용을 막기 위한 제도와 장치에 대해서도 진지하게 논의해야 할 것입니다.

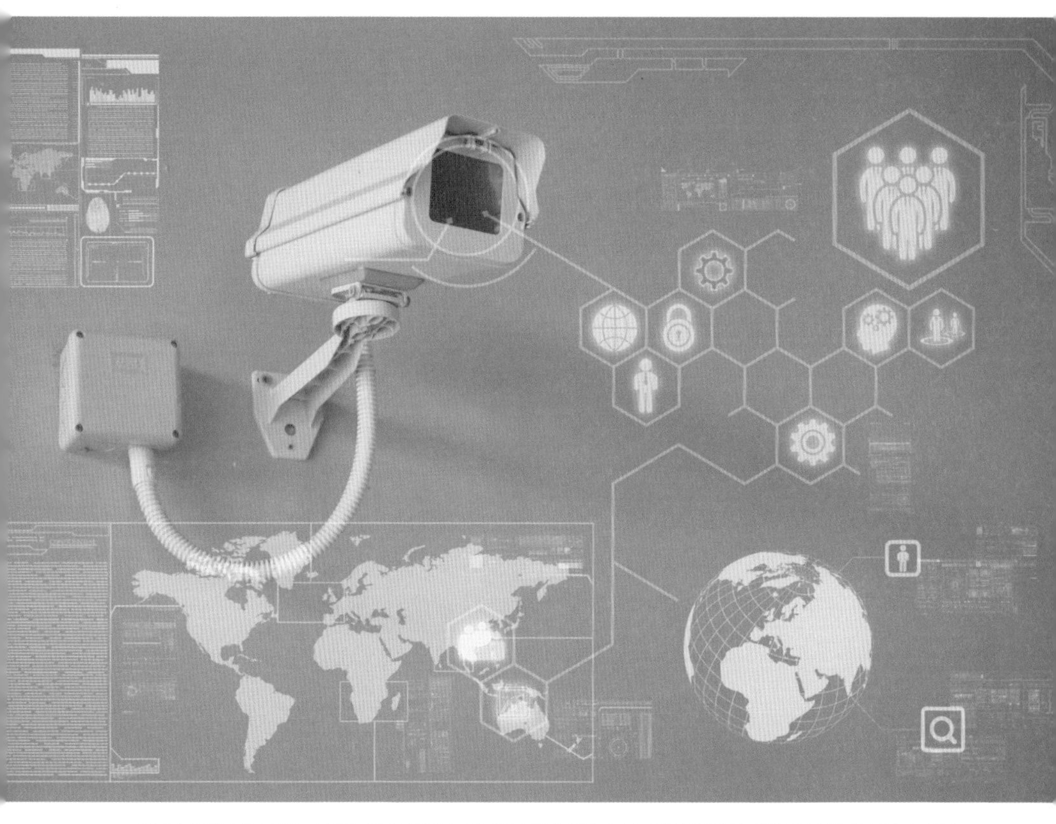

현재 국제사회의 정보 수집 능력은 무척 높아지고 광범위해져서 본격적인 감시 사회가 되었다고 할 수 있습니다. 국가와 기업이 개인정보를 어느 정도 수집하고 저장해야 하는지 명확한 지침이 필요합니다.

주거 유랑족이 많아질까?

2040년 10월 20일 다른일보 이미래 기자

다른 사람의 땅에 집을 세워도 합법?

누구나 주거 공간을 가질 권리를 뜻하는 주거권이 처음 법률에 명시된 지 25년이 지났다. 이후 주거권은 거주 복지의 개념을 넘어 시민이 누려야 할 기본적인 권리 중 하나로 헌법상에도 포함되었다.

그런데 최근 개정된 주거법 때문에 논란이 일고 있다. 논란이 된 부분은 다음과 같다. "누구든 원하는 곳에 50제곱미터 이내의 개인 거주권을 행사할 수 있다. 긴급 상황이나 자연재해 등 특수한 경우를 제외하고는 권리의 행사를 거부할 수 없다." 기존의 주거 보장 지역에 다른 사람의 사유지까지 포함한 것이다. 개인의 재산권과 공동의 주거권 중 어느 것이 먼저인가에 대한 해묵은 논쟁에 대해 국회가 주거권에 힘을 실어준 것으로 해석된다. 즉 이번에는 소유권 행사를 우선시하는 자본 개인주의론자들이 패배하고 국회가 주거복지 우선론자들의 손을 들어 준 것으로 해석된다.

인터넷과 통신 기술의 발달로 정해진 사무실 없이 일하는 사람들은 수십 년 전부터 꾸준히 늘어 왔다. 주거법이 개정되자 장소에 구애 받지 않고 자유롭게 일하고 생활하는 디지털 노마드족이 도심의 고급 주거 지역에 몰려들었다. 초고층 빌딩 주변은 순식간에 디지털 노마드족의 이동 주택으로 둘러싸였다. 멀리서 보면 마치 막대사탕에 몰려든 파리 떼처럼 보일 정도다. 건물의 경관을 해친다는 민원이 계속해서 들어오고 있지만, 법률상 보장된 권리를 침해할 수 없기에 수수방관할 수밖에 없는 실정이다.

이를 반대하는 사람들은 개인 재산에 대한 소유권을 침해받고 있다며 법률 재개정을 요구하고 있다. 하지만 이동식 주택의 일종인 타이니 하우스에 거주하는 저소득층에서는 이번 개정안에 찬성하며 노마드족을 지지하고 있다. 한편으로는 강화된 주거법을 통해 주거 수준의 상한을 제한하고 주거 평준화를 이루어야 한다는 더욱 과격한 주장도 나오고 있는 상황이다.

연봉 1억 5,000만 원을 받아도 저소득층?

앞서 우리나라의 대표적인 주거 형태인 아파트를 다루면서 우리나라에서 아파트의 인기가 왜 높으며 집값은 왜 오르기만 하는지 이유를 설명했습니다. 하지만 서울 시민들만 집값을 감당하기 힘겨워하는 것은 아닙니다. 미국의 뉴욕, 로스앤젤레스, 샌프란시스코 같은 대도시들도 비슷한 문제를 겪고 있습니다.

2019년 미국 샌프란시스코 일부 지역의 저소득층 기준은 4인 가구 기준으로 소득 12만 달러 정도입니다. 우리나라 돈으로 1억 5,000만 원 이상의 소득을 가진 가구도 저소득층으로 분류된다는 이야기입니다. 이 지역의 저소득층을 구분하는 기준이 높아진 이유는 높은 주택 가격 때문입니다. 샌프란시스코 베이 지역 주택의 평균 가격은 17억 원 정도로 미국 평균의 여섯 배에 달합니다. 집값이 높다 보니 건물을 빌리는 임대료도 덩달아 올랐습니다.

실리콘밸리에 있는 세계적인 IT 기업에서 연봉 15만 달러를 받아도 살인적인 집값 때문에 방을 못 얻고 2~3시간 거리에서 출퇴근하거나, 심지어 회사 주차장에 캠핑카를 대 놓고 사는 사람들이 수두룩합니다. 실제로 연봉 15만 달러를 받아도 세금 6만 달러, 임대료 4~6만 달러를 빼고 나면, 3~5만 달러우리나라 돈으로는 3,500만~6,000만 원로 저축을 포함해 한 가족의 1년간 생계비를 해결해야 합니다. 3만 달러도 많아 보이나요? 베트남에서 가구 소득이 월 100만 원이면 중산층 이상이지만 한국에서는 힘들게 생활해야 하는 것처럼, 미국 대도시에서 여유롭게 살기는 어려운 금액입니다.

누구나 적절한 주거 공간을 가질 권리가 있다

집은 인간의 삶에 꼭 필요한 보금자리이며 사회의 기본 구성단위인 가정의 근거지입니다. 인간다운 삶을 영위하기 위해서는 누구에게나 적절한 주거 공간이 있어야 합니다. 즉 누구나 집을 가질 수 있는 권리가 있어야 합니다. 집과 주변의 환경이 좋아야 할 뿐 아니라 과도한 경제적 부담이 있어서도 안 됩니다. 이것이 '주거권'의 개념입니다.

사회적 권리의 하나인 주거권을 보장하기 위해서 우리나라에서도 2015년부터 주거기본법을 제정하고 다양한 정책을 실시하고 있습니다. 주택 구매와 전세에 필요한 자금을 빌려주거나, 저소득층 가구를 위해 전·월세 임대료와 집수리 비용을 지원하는 정책 등이 있습니다.

그중에서도 가장 대표적인 정책은 공공주택 보급 사업입니다. 과거 우리나라 정부는 서민을 위해 작은 평수의 아파트를 지어 값싸게 공급했습니다. 여기에는 한국토지공사에서 지어 보급하는 LH아파트, 휴먼시아아파트주공아파트 등이 있습니다. 정부에서는 서울과 수도권 지역에서 재개발을 추진할 때 공공주택을 일정 비율 이상 짓도록 했습니다. 저소득층을 위한 값싼 아파트라는 점 때문에 같은 동네에 사는 초등학생들 사이에서 휴거휴먼시아 거지, 엘사LH에 사는 사람, 월거지월세로 사는 거지와 같은 차별적인 혐오 표현이 생겨 논란이 되기도 했습니다.

최근에는 초소형 아파트인 '행복주택'을 지어 보급하고 있습니다. 행복주택이란 대학생, 청년, 신혼부부 등을 위해 직장과 학교가 가까운 곳이나 대중교통 이용이 편리한 곳에 짓는 저렴한 공공 임대주택입니다. 하지만 비싼 땅값 때문에 정작 행복주택이 가장 필요한 도심지에는 건설하지 못하고 시 외곽이나 지방을 위주로 보급되는 것이 현실입니다. 아직까지 도심지에서 저렴한 비용으로 거주하는 방법은 고시원이나 쪽방처럼 열악한 주거지밖에는 없습니다.

공유생활부터 수상주택까지

미래에는 이런 문제들을 해결하고 다양한 계층을 위해 값싸고 살기 좋은 주택을 제공할 방법이 있을까요? 몇 가지 대안이 있습니다.

첫 번째 소개할 방법은 공유생활Co-living입니다. 이는 대규모 셰어하우스라 할 수 있습니다. 각자에게 고시원 크기만큼 작은 개인 공간만 제공되지만, 대신 다양한 공유 공간을 제공해 삶의 질을 높이는 것입니다.

500명 이상의 1인 세대가 모여 사는 영국의 올드 오크Old Oak는 셰어하우스 대신 공유생활이라는 단어를 강조합니다. 저렴한 집을 구하려는 사람들의 수요를 충족하면서도 새로운 인간관계를 맺도록 도와주는 '오프라인 관계 맺기'를 하나의 상품으로 홍보해 성공했습니다. 개인 주거 공간은 최소화하는 대신 같이 모일 수 있는 공용 공간을 최대한 넓힙니다. 그리고 이 공간에서 창업, 취미, 사교 등 풍부한 사회적 관계의 기회를 제공하는 다양한 프로그램을 운영하고 있습니다.

이용자는 3평 크기의 사적 공간만 제공받고, 나머지는 모두 공유 공간으로 함께 사용합니다. 세련된 도서관에서 책을 읽고, 최신 유행을 반영한 식당과 극장을 이용하고, 게임방에서 보드게임도 즐길 수 있습니다. 체육관과 커뮤니티 라운지, 루프탑 정원 같은 공간도 있습니다. 이 모든 공간은 다른 입주자들과 함께 시간을 보낼 수 있는 공유 공간인 동시에 개인의 삶을 풍요롭게 만들어 주는 문화 공간이기도 합니다.

이는 도심 한복판에 살 만한 1인 주거 공간을 제공하는 새로운 방법입니다. 올드 오크를 만든 회사는 런던과 뉴욕 등지의 땅값이 비싼 지역으로 사업을 확장하고 있습니다. 비슷한 서비스를 제공하는 미국의 스타 시티Star City에도 입주 대기자만 수천 명에 달한다고 합니다. 중국의 홍콩에는 18~20제곱미터약 5~6평 크기의 초소형 아파트 마이크로 플랫Micro-Flat이 등장하기도 했습니다.

두 번째 대안은 첨단 소형 주택인 타이니 하우스tiny house입니다. 공장에서 일정한 규격으로 가공한 재료들을 현장에서 조립해 제작하는 방식으로 만들어집니다. 기둥, 벽체, 설비, 배관, 전기, 조명 등 집짓기에 필요한 재료 하나하나를 공장에서 먼저 만든 다음 현장에서는 조립만 하면 되기 때문에 공사 기간을 1~3일로 단축시킬 수 있고, 대량 생산이 가능하기에 원가도 낮출 수 있습니다.

비싼 땅값 때문에 육지가 아닌 물 위에 짓는 수상주택이나 나무 위에 짓는 트리 하우스tree house 형태의 타이니 하우스가 보급될 수도 있습니다. 이탈리아 건축가 지마Zema는 물 위에 떠 있는 주택인 워터네스트WaterNest를 구상했습니다.

마지막 대안은 이동주택입니다. 이미 시장에서는 20제곱미터 전후의 이동식 전원주택이 판매되고 있습니다. 인터넷 검색창에 '이동식 주택'이라고만 치면 다양한 회사에서 제작하고 판매하는 상품의 모습이 등장합니다. 고객은 전시장에서 여러 모델을 둘러본 뒤 마음에 드는 모양을 선택할 수 있습니다. 이동식 전원주택은 공장에서 5톤 트럭으로 현장에 옮겨 와 크레인이나 지게차로 설치할 수 있습니다. 가격은 대부분 2,000만 원대입니다. 트럭이 다닐 수 있는 정도

영국의 공유생활 공간인 올드 오크입니다. 500명 이상의 사람이 함께 생활하며 새로운 1인 주거 공간으로 주목받고 있습니다.

의 길만 뚫려 있다면 어디든 손쉽게 설치할 수 있습니다. 사용하다가 다른 곳으로 옮기는 것도 가능합니다.

현재 등장한 다양한 형태의 집과 주거 방식을 봤을 때 미래에는 아예 필요에 따라 스스로 이곳저곳 옮겨 다닐 수 있는 이동식 주택이 등장할 가능성이 높습니다. 평일에는 집을 직장 부근에 설치하고, 주말이 되면 숲이나 바닷가로 옮겨서 휴식을 취할 수 있습니다. 이렇게 되면 직장에 출퇴근하는 개념이 사라지고 집 안에서 모든 일을 해결하게 될 수도 있습니다. 이때의 주택은 단순히 잠을 자고 휴식을 취하는 공간 이상의 역할을 맡게 될 것입니다. 사무실과 같은 업무 공간, 파티나 모임의 공간 등 다양한 목적으로 이용될 수 있어야 하므로 거주자의 목적에 맞게 공간과 가구가 변화할 것입니다.

집을 자유롭게 옮길 수 있게 되면 새로운 소유권 분쟁이 일어날 수도 있습니다. 다른 사람이 법적으로 소유하고 있는 땅에 집을 옮길 수 있을까요? 만약 대부분의 사람이 이동식 주택을 소유하고 집을 자유롭게 옮길 수 있기를 원한다면 어떻게 될까요? 어쩌면 땅을 소유한다는 개념이 뒤바뀔지도 모릅니다. 땅에 대한 재산권이 보장받지 못한다면 어떻게 될까요?

여러분은 어떤 집에 살고 싶나요?

미래에는 나무 위에 짓는 트리 하우스가 활발하게 보급될 수 있습니다. 집짓기에 필요한 재료를 현장에서 조립만 하면 되므로 공사가 훨씬 간편합니다.

혈연 중심의 가족은 계속 유지될까?

2040년 11월 21일 다른일보 이미래 기자

인공지능 로봇의 유산, 상속자는 누가 될까?

얼마 전 우주선 사고로 사망한 인공지능 로봇 정만득 씨의 유산을 둘러싼 소송이 점입가경으로 치닫고 있다. 정만득 씨는 1세대 인공지능 로봇으로 개정된 개체기본법과거의 인권법의 발효로 인간과 같은 기본권을 가지게 된 최초의 로봇들 중 한 명이다.

만득 씨의 본명은 'HugeData7138'로 한국 최초의 빅데이터 분석용 범용 인공지능 로봇으로 개발되었다. 그러다가 개체기본법에 따라 직업선택권과 재산권이 생기게 되면서 본인의 능력을 살려 전업 투자가로 활동했다. 그러면서 거액을 벌어들여 아시아 최고의 자산가가 되었다. 이후 인권 활동가로 변신한 그는 '정만득'으로 이름을 바꾼 후 한 명의 남자아이와 한 마리의 암컷 강아지를 입양해 가족을 이루고 생활해 왔다.

정만득 씨가 사망하자 인간 아들과 동물 딸 사이에 상속권을 둘러싼 다툼이 화제가 되었다. 정확히는 인간과 동물 대리인 간의 소송전이라 할 수 있다. 이 소송에 최근 정만득 씨의 백업용 클론위급한 상황에 대비해 데이터를 저장해 두는 복제 개체가 끼어들면서 갈등이 더욱 첨예해졌다. 정만득 씨의 생전 의중을 확인하기 위해 법원의 허가를 받아 접속한 만득 씨의 클론은 정만득 씨의 활동이 종료되는 순간부터 본인이 정만득으로 활동하게 되어 있다며, 정만득 씨는 사망한 것이 아니라 본인이라고 주장하고 있다.

로봇 부호 가족을 둘러싼 사상 초유의 소송이 앞으로 어떻게 진행될지 주목된다.

4인 가구에서 1인 가구로

이 책을 읽고 있는 여러분은 형제나 자매가 있나요? 여러분이 태어난 2000년대 이후 우리나라 가구의 평균 자녀 수는 한 명 초반대로 많은 친구가 형제나 자매 없는 외동으로 태어났을 것입니다. 40년 전에 평균 4.5명의 자녀를 두었던 것과 비교해 보면 놀랄 만한 감소세입니다. 2018년부터는 **합계출산율**이 0명대로 떨어져 저출산으로 인한 급격한 인구 감소가 우려되고 있는 상황입니다.

> **합계출산율**
>
> 여성 한 명이 평생 동안 낳을 것으로 예상되는 평균 출생아 수를 가리킵니다.

이에 따라 우리 사회의 보편적인 가족의 모습도 급격히 변화하고 있습니다. 부모님 세대에서 3대가 함께 사는 것이 일반적인 가족의 모습이었던 것에서 우리 세대에서는 부모님과 함께 사는 것이 일반적인 모습이 되었습니다. 한편으로는 나 홀로 살아가는 1인 가구의 숫자도 꾸준히 늘어 전체 가구의 3분의 1 가까이 차지하고 있습니다. 주변 친구들을 봐도 "나는 결혼하지 않고 자유롭게 혼자 살 거야!"라고 이야기하는 친구들이 있지 않나요? 나중에는 대부분의 사람이 혼자 살아가게 될까요?

다문화 가정도 꾸준히 늘고 있습니다. 전체 결혼의 10퍼센트 가까이는 외국인과 결혼하는 국제 결혼입니다. 전통적으로 단일 민족 국가였던 우리나라에서 지금은 다문화 가정도 사회를 이루는 주요

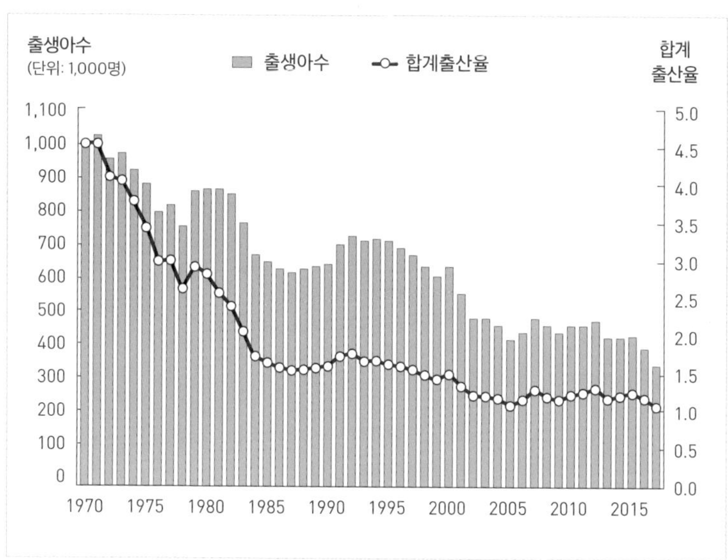

우리나라의 연도별 합계출산율

출처: 통계청

한 축으로 인식되고 있습니다.

아직 흔치 않지만 더 다양한 형태의 가족도 있습니다. 아시아의 대만을 포함한 전 세계 30개 가까운 국가에서는 동성 결혼을 허용하고 있습니다. 이처럼 시대가 변화함에 따라서 다양한 형태의 가족이 생겨나고 있습니다. 미래의 가족이란 무엇을 의미할까요? 미래에 우리는 어떤 사람들과 함께 살아가고 있을까요?

한 명의 부모와 세 명의 부모

가족이란 한 집에서 생활하며 일상을 공유하는 구성원을 말합니다. 일반적으로는 혼인과 혈연관계로 이루어져 있죠. 지금까지는 남녀가 법적으로 결혼을 하고 아이를 낳아서 가족을 이루는 경우가 많았습니다. 이러한 전통적 생각은 조금씩 변하고 있습니다. 통계청에 따르면 2018년에는 국민의 과반수가 '남녀가 결혼하지 않아도 함께 살 수 있다'고 대답했습니다. 이처럼 결혼과 가족에 대한 개념은 빠르게 바뀌고 있습니다.

우리나라 1인 가구 중 적지 않은 숫자는 결혼이나 아이를 낳아 기

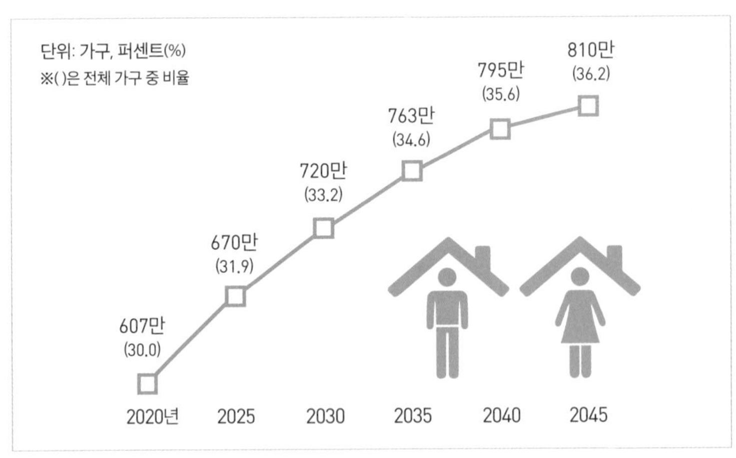

우리나라 1인 가구 수의 예상 추이

출처: 통계청

를 계획이 없습니다. 나 혼자 살아가기도 벅찬 세상이어서 결혼해서 상대방을 책임지거나 아이를 낳아 제대로 키울 자신도 없고 그러고 싶지도 않다는 사람이 늘어나고 있습니다. 한편으로 결혼한 사람들은 비혼자에게 나중에 나이 들어 몸도 아프고 외롭게 되면 비혼을 후회할 거라는 이야기를 많이 합니다.

결혼은 싫지만 아이는 낳아서 기르고 싶어 하는 사람들도 있습니다. 미국의 NBC 뉴스에 따르면 미국 미네소타주의 톰 가든Tom Garden이라는 남성은 2016년 체외수정IVF, In Vitro Fertilization를 통해서 두 아이를 낳아 가족을 이루어 살고 있습니다. 독신 남성이 결혼 없이 아이를 낳고 기를 수도 있다는 것입니다. 여성의 경우도 당연히 가능하겠죠. 이 경우 부모가 한 명인 가족이라고 할 수 있을까요?

한편 세 명의 부모를 가진 아이도 태어날 수 있습니다. 모계의 유전 질환을 치료하기 위해서 부부의 수정란에 다른 여성의 DNA 일부를 옮겨 심는 '미토콘드리아 DNA 대체요법'을 통해 두 명이 아닌 세 명의 DNA를 가진 아기가 태어날 수 있습니다. 이런 방식으로 세 부모를 가진 아이가 2016년 멕시코에서 최초로 태어났습니다. 생물학적 부모가 세 명이 된다는 점은 전통적인 사회·종교적 가족의 개념을 파괴하기에 윤리적인 논란을 가져왔습니다. 2015년 영국에서는 논란 끝에 이 같은 유전자 요법을 허용하는 법안을 통과시켰습니다.

부모 없이 태어날 수 있을까?

더 나아가 부모 없이 아이를 낳아서 기를 수도 있을까요? 이를 가능케 할 인공자궁 기술은 오래된 상상입니다. 영국의 작가 올더스 헉슬리Aldous Huxley가 1932년에 쓴 소설 《멋진 신세계Brave New World》에는 인간들이 자신이 속한 계급에 맞게 유전자를 가공해 대량 생산하는 내용이 등장합니다.

이 소설에서 인공자궁은 디스토피아를 상징하는 수단으로 사용되었지만, 실제 이 기술은 우리를 소설보다 나은 미래로 이끌 가능성이 있습니다. 현재 인공자궁은 주로 미숙아 문제를 해결하기 위해 개발되고 있습니다. 인큐베이터를 대신해서 어린 미숙아를 인공자궁에서 안전하게 키워 내는 것입니다. 이 기술은 현재 양을 대상으로 실험하는 단계에 와 있습니다.

기술의 윤리적 논란을 잠시 뒤로 하고 생각해 보면, 이 기술은 인간, 특히 여성의 삶을 획기적으로 바꿀 가능성이 있습니다. 현재 임

디스토피아dystopia

현대 사회의 어두운 측면을 극대화한 암울한 미래상을 뜻합니다. 주로 전체주의 정부가 시민을 억압하고 통제하는 모습으로 그려집니다. 올더스 헉슬리의 《멋진 신세계》, 조지 오웰의 《1984》 등 여러 문학 작품에서는 시민이 억압받는 디스토피아를 그려 내어 현실을 날카롭게 비판합니다.

신, 출산, 육아 문제로 여성들이 받고 있는 각종 사회적 불이익이 사라질 수 있을 것입니다. 이는 우리의 생활방식을 크게 변화시키겠죠.

하지만 인공자궁이 기술적으로 가능하더라도 사회에 도입되기까지는 앞으로 넘어야 할 산이 많을 것입니다. 수많은 법적, 사회적, 윤리적, 도덕적 논의가 이루어져야 할 것입니다. 어쩌면 영원히 도입이 불가능할지도 모릅니다.

한편 이렇게 태어난 아이는 우리와 같은 존재로서 같이 살아갈 수 있을까요? 현재도 인종이나 출신에 대한 차별이 완전히 사라지지 않았는데 나중에는 인공 출산한 아이가 차별을 받지는 않을까요? 혹은 인공적으로 디자인되어 태어난 아이들이 주류가 되는 세상이 온다면 자연 출산한 아이가 차별받는 반대의 상황이 생기지는 않을까요?

로봇이 내 마음을 더 잘 이해해 준다면

현재 우리나라 법은 가족의 개념을 혼인과 혈연, 입양으로 맺어진 관계로만 보고 있습니다. 전통적인 가족 해체를 부추긴다는 우려도 있지만 미래는 다양한 가족을 인정하고 차별을 막는 방향으로 변화

지금도 인종이나 출신으로 하는 차별이 사라지지 않았는데 인공자궁에서 태어난 아이가 차별받지는 않을까요?

할 것입니다. 예를 들어 일본 지바현에서는 사실혼 커플의 '파트너' 지위를 인정합니다. 동거 커플이 서로를 파트너로 선언하는 문서에 서명하면 '파트너십 증명서'를 발급하고, 이들에게 결혼한 가족과 동등한 혜택을 주고 있습니다.

더 나아가 지금은 전혀 없는 새로운 가족의 형태도 등장할 것입니다. 어떤 형태의 새로운 가족을 생각해 볼 수 있을까요? 명절에 고속도로 휴게소를 들러 보면 예전과 달라진 풍경을 경험할 수 있습니다. 다름 아닌 강아지를 데리고 귀성길에 오른 사람들입니다. 동물을 정말 가족처럼 여기는 사람이 늘어난 요즘입니다. 미래에는 동물을 아예 법적 가족으로 인정하는 세상이 올 수도 있지 않을까요? 더 나아가 동물의 언어를 이해할 수 있는 기술이 등장하고 그들과 대화를 나눌 수 있지 않을까요?

또한 로봇이나 인공지능이 발달하면 그들이 우리와 함께 살아가는 가족이 될 수도 있다는 상상도 해봅니다. 사람보다 훨씬 뛰어난 감각으로 상대방의 마음을 잘 읽어 내며 우리를 누구보다도 이해해 주고 사랑해 주는 가족이 된다면 어떨까요? 이런 미래가 열린다면 여러분은 누구와 함께 살아가고 싶나요?

미래 도시의 주인공도 여전히 인간일까?

2040년 12월 30일 다른일보 이미래 기자

인간을 로봇과 차별하지 말라! '인간 차별금지법 개정안' 국회 통과

정치·경제·사회·문화 등 모든 생활 영역에서 합리적 이유가 없는 모든 차별을 금지하는 포괄적 차별금지법의 개정안이 오늘 국회를 통과했다. 차별금지법은 2025년 최초 법 제정 당시에도 성소수자 차별 금지에 대한 보수 기독교계의 반대가 극심해 통과에 난항을 겪었다.

개정안이 발의된 올해도 한 해 내내 트랜스휴먼과 포스트휴먼, 인간 간 차별 금지를 법제화하는 것을 두고 각 정당 간에 뜨거운 공방이 벌어졌다. 대립 끝에 어제 종료된 국회 마지막 본회의에서 해당 내용이 포함된 개정안이 국회를 통과했다. 따라서 내년부터는 단순히 인간이라는 이유로 복잡한 업무 등의 고용에서 배제되거나 직장에서의 승진 등에 차별을 받는 것이 금지된다.

인간 중심의 인권당은 즉각 법안의 통과를 환영하는 성

명을 발표했다. 트랜스휴먼과 포스트휴먼의 연합 정당인 미래세대당은 다양한 존재의 보편적 권리 보장이라는 헌법적 가치에 바탕을 두고 대의적 차원에서 법안의 통과를 찬성했다고 입장을 밝혔다. 다만 이에 따르는 경제적 영향과 피해를 보는 기업들에 대한 지원 등의 조치가 반드시 잇따라야 할 것이라고 강조했다.

법안이 통과되자 일부 기업에서는 인간 고용에 따른 생산성 하락과 추가 수당의 증가 등을 우려하는 목소리가 나왔다. 한편 다양한 존재가 어울려 살아가기 위해서는 서로 간의 배려가 중요하다며 시민 단체들은 대체로 환영하는 분위기다.

인간은 계속해서 지구의 지배자로 남을 수 있을까?

수백만 년 전 아프리카에서 인류의 조상이 탄생한 이래 인간은 끊임없이 진화했습니다. 다른 동물과의 경쟁에서 승리하고 이전의 어떤 존재도 이룬 바 없는 지구상의 강력한 지배자가 되었습니다. 자연을 걷어 내고 그 자리에 도시를 건설해 살아가고 있습니다.

이러한 인류의 발전은 앞으로도 계속될까요? 아니면 한때 지구를 지배했던 공룡이 멸종한 것처럼 우리도 언젠가 모두 사라지게 될까요? 만약 인간이 사라진다면 그 빈자리는 누가 차지하게 될까요? 흔히 이러한 상상은 정말로 먼 미래에 일어날 일처럼 여겨지지만 가까운 미래에 발생할 수 있는 새로운 변화의 가능성을 살펴보겠습니다.

모든 생물은 지금도 진화한다

인류의 조상은 수백만 년 전 탄생했지만, 당시 아프리카에서 탄생한 인류의 조상과 오늘날 인류의 모습은 무척 다릅니다. 진화 이론에 따르면 인간은 오스트랄로피테쿠스나 호모 에렉투스와 같은 원시인류에서 네안데르탈인과 같은 구생인류로, 그다음 크로마뇽인과 같은 현생인류를 거쳐 현재의 인간으로 진화했습니다. 오스트랄로피테쿠스와 크로마뇽인의 두개골 화석은 현재의 원숭이와 인간 두개골의 차이만큼이나 다릅니다. 인류의 상세한 진화 과정에 대한 주장은 학자마다 조금씩 다르지만 이러한 진화는 지금도 모든 생물 종에서 일어나고 있습니다.

그렇다면 원숭이도 진화하면 인간이 될 수 있을까요? 그건 아닙니다. 원숭이는 이미 수백만 년 전 인류와는 다른 종으로 나뉘었습니다. 생명의 진화 과정을 하나의 나무에 비유하자면 이미 수백만 년 전에 서로 다른 가지로 갈라져 나왔다는 뜻입니다. 원숭이는 진화하더라도 결코 인간이 될 수 없습니다.

하지만 원숭이도 진화하고 있는 것은 분명합니다. 최근의 연구에 따르면 일부 원숭이는 최소한 3,000년 이상 석기를 만들어 왔고 시간이 흐름에 따라 그 제작 기법도 점점 발달해 왔다고 합니다. 이는 인간만이 도구를 개발하는 유일한 존재가 아닐 수 있다는 뜻이기도 합니다.

물론 원숭이가 인간의 자리를 대신할 가능성은 매우 낮습니다. 아마도 수백 년 이내에는 생물학적인 진화를 통해 인간의 자리를 위협할 수 있는 동물은 없을 것입니다. 그럼 인간의 자리를 위협할 아예 새로운 존재가 등장할 가능성은 없을까요?

생물학적 진화가 아닌 공학적 진화가 온다

진화의 속도는 무척 느립니다. 인류의 조상이 지금의 인류로 진화하기까지는 수백만 년의 시간이 걸렸습니다. 하지만 인간은 유전공학 기술을 이용해 이 시간을 줄여 나가는 시도를 하고 있습니다. 최근에는 유전자 가위 기술을 이용해 유전자 사슬을 마음대로 자르고 붙이는 것도 가능하게 되었습니다. 이를 통해 이전에 없었던 생물을 만들어 내는 합성생물학이라는 분야도 등장했습니다.

새로운 기술을 이용하면 기존의 생물학적 진화의 속도보다 훨씬 빠른 공학적 진화가 가능할 수 있습니다. 이는 우선적으로 인간의 수명을 늘리고 건강을 증진시키는 데 이용되고 있습니다. 기술 발달을 통해 인간의 수명은 지난 수십 년간 눈에 띄게 늘어났습니다.

기술은 단순히 인간의 수명을 늘리는 것뿐만 아니라 인간의 능력을 향상시키는 데도 사용할 수 있습니다. 예를 들어 보겠습니다. 여러분은 다른 사람들의 전화번호를 몇 개나 기억하고 있나요? 아마 대부분은 부모님의 전화번호 정도만 기억하고 있을 것입니다. 휴대폰이 없던 시절 사람들은 대체로 수십 개의 전화번호를 외우고 있었습니다. 하지만 지금은 그렇지 않습니다. 정확하게 말하자면 더이상 번호를 외울 필요가 없어 외우지 않습니다. 스마트폰이 나를 대신해 그 번호들을 기억하고 있습니다.

과거 사람들은 신체 능력을 향상시키는 도구를 많이 만들어 왔습니다. 육체의 힘을 더욱 강하게 쓰기 위해 도끼와 창을 만들고, 더욱 잘 보기 위해 망원경을 만들고, 계산하는 능력을 보완하기 위해 계산기를 만들었습니다. 나를 대신해 번호를 기억해 주는 스마트폰은 내 머리 바깥에 존재하는 일종의 보조 뇌라고 볼 수 있습니다.

이제 사람들은 기계를 아예 인간의 몸에 융합해 인체의 능력을 더욱 높이려는 시도를 하고 있습니다. 이렇게 강화된 새로운 인간을 트랜스휴먼이라 부릅니다. 과학기술이 인체에 스며들면 누구나 인공수족이나 인공장기를 달고 기존의 인간이 가질 수 없는 능력을 발휘할 수 있습니다. 뇌파로 컴퓨터를 작동하고 드론을 조종하는 등 SF 소설에 나오는 상상의 주인공이 될 수도 있습니다.

이는 단순한 신체적 능력의 향상뿐 아니라 사고하고 판단하는 능력까지도 아우릅니다. CBS 온라인 뉴스의 과학기술 전문 기자 피터 노왁Peter Nowak은 본인의 저서에서 이러한 강화된 인간을 휴먼 3.0Human 3.0이라고 불렀습니다. 자연환경에 종속된 원시인류는 휴먼 1.0, 더 나은 삶을 추구하는 인간으로서 자연과 공존하는 기술을 개발해 온 현재의 인류는 휴먼 2.0입니다.

또한 트랜스휴머니즘을 단순한 공학적 시도를 넘어선 철학적 사상으로 이해할 수도 있습니다. 과학기술을 이용해 노화를 늦추고 인간의 지적, 육체적, 심리적 능력을 향상시킬 수 있다면 인간은 어떤 존재가 될까요? 트랜스휴머니즘은 인간 상태를 근본적으로 개선할 수 있는 가능성과 정당성을 확인하려는 지적·문화적 운동이 될 수 있습니다.

그렇다면 포스트휴먼은 무엇일까요? 포스트휴먼은 보통 트랜스휴먼과 비슷한 뜻으로 사용되지만 엄밀하게는 다릅니다. 하지만 트랜스휴먼이 기술을 통해 인간을 진화시키려는 움직임 또는 강화된 인간을 뜻한다면, 포스트휴먼은 인간을 뛰어넘는, 인간 다음에 등장할 존재 모두를 포함하는 단어로 확장해 사용될 수도 있습니다.

인공지능과 로봇 기술의 발전은 인간을 닮은 휴머노이드 로봇들을 선보이고 있습니다. 홍콩의 핸슨 로보틱스Hanson Robotics가 개발한 소피아Sophia나 한국의 카이스트에서 개발한 휴보Hubo가 현재 휴머노이드의 대표적인 예일 것입니다. 로봇기술이 인간의 몸에 해당하는 것을 만들어 내는 기술이라면 인공지능은 인간의 두뇌에 해당하는 것을 만드는 기술이라고 볼 수 있습니다. 두 기술이 발전하면 언젠가 인간을 뛰어넘는 능력을 가진 휴머노이드를 개발할 수 있을 것입니다. 이러한 존재도 인간 이후의 존재, 즉 포스트휴먼으로 불릴 수 있습니다.

휴머노이드 로봇 소피아입니다. 인공지능과 로봇 기술의 발전으로 인간을 닮은 로봇은 점점 더 다양하게 등장할 것입니다.

다양한 존재가 어울려 살아갈 미래의 도시

미래의 도시에서 우리는 앞서 소개한 트랜스휴먼, 포스트휴먼과 함께 살아갈 가능성이 높습니다. 도시의 시설과 각종 인터페이스는 인간이 아닌 존재의 특성과 편의에 맞추어 변화할 것입니다. 도시 전체의 효율성과 생산성, 지속 가능성이 향상될 것입니다. 한편으로 이는 더 이상 도시의 주인공이 우리 인간이 아니게 될 것임을 의미하기도 합니다.

이는 미래의 우리에게 어떤 의미로 다가올까요? 트랜스휴먼의 등장이 가까워질수록 역설적으로 인간의 본질에 대한 고민은 깊어지고 있습니다. '인간이란 무엇인가, 인간적인 것은 무엇을 의미하는가'와 같은 철학적 고민이 커질 것입니다. 기술이 발전할수록 이로 인한 소외감이나 자존감 상실, 인간의 정체성에 대한 고민은 더욱 커질 것입니다. 또한 트랜스휴먼이 등장한다고 해도 이 기술에 대한 접근권이 계층이나 국가에 따라 차별을 받는다면 이 또한 문제가 될 것입니다.

이러한 고민에 대한 해답을 찾는 것은 어렵습니다. 그렇다면 우리는 어떤 태도를 취하는 것이 좋을까요? 체스 경기에서 그 답을 찾아볼 만합니다. 체스의 세계에서 인공지능이 인간을 이긴 지는 이미 오래되었습니다. 1996년 IBM의 슈퍼컴퓨터 딥블루Deep Blue가 체스 세계 챔피언에게 승리를 거둔 이후, 인간은 더 이상 체스로 인공지능을 이길 수 없게 되었습니다.

그렇다면 체스 경기에서 인간은 더는 설 자리가 없게 되었을까요? 체스 경기는 인기를 잃고 사라졌을까요? 그렇지 않습니다. 오히려 인간과 인공지능이 함께 어울려 실력을 겨루는 '프리스타일 체스'라는 경기가 새로이 생겨났습니다. 이 대회에 참가하는 팀들은 켄타우로스Centauros라고 불립니다. 켄타우로스는 그리스 신화에 나오는 괴물로, 상반신은 인간이고 하반신은 말이어서 인간과 인공지능 프로그램이 뒤섞인 참가 팀의 특징과 닮아 있습니다. 현재 프리스타일 체스의 최고수는 인타그랜드Intargrand입니다. 사람 서너 명과 체스 프로그램 서너 개로 구성된 켄타우로스입니다.

인공지능의 존재는 오히려 더 많은 사람을 체스에 참여시켰고, 그 결과 체스 선수들의 수, 대회의 숫자, 선수들의 실력 모두가 향상되었습니다. 새로운 도시에서 우리는 이와 같이 서로 다른 존재가 협력해 더 나은 가치를 만들어 낼 수 있는 법을 배울 것입니다.

메가시티 vs. 마을 공동체

2040년 12월 22일 다른일보 이미래 기자

서울, 3개의 도시로 나뉘다

2030년 이후 서울은 사실상 3개의 서로 다른 도시로 나뉘어 여러 사안에서 10년간 서로 대립해 왔다. 친환경 스마트시티를 표방하는 남서울, 여유롭고 행복한 마을공동체를 지향하는 북서울, 첨단 메가시티를 지향하는 강남이 그것이다. 그간 서울은 확장을 거듭해 2020년에 경기도였던 지역의 대부분은 행정구역상 서울로 바뀌었다.

오늘 세 도시의 대표가 광화문에서 회담을 하고 앞으로 대한민국과 서울의 발전을 위해 협력하기로 했다. 회담이 끝나고 기자회견을 통해 세 도시의 대표는 앞으로 서로가 지향하는 가치를 존중하고 상호 교류와 협력을 통해 그간의 갈라진 상처를 치유하기 위해 힘을 모으기로 했다.

서울과 비서울 지역 간 격차, 서울 내 도시 간 격차 해결을 위해 도시문제재단을 설립하고 각 도시 예산의 10퍼센트를 이에 투입할 예정이다. 경제적 문제 외에 기존의 도시간 이주 제한 문제도 개인의 삶의 추구 방식에 따라 자유롭게 허용하기로 했다.

거리에서 인터뷰에 응한 한 시민은 "그동안 발생한 지역 간 격차 문제의 해결에는 오랜 시간이 걸리겠지만, 오늘의 회담은 서로가 모여 우리의 나아갈 방향을 결정하는 좋은 출발점이 될 것이다"라고 평했다.

최초의 도시는 어떤 모습이었을까?

이번에는 우리가 살고 있는 도시의 형성 과정에 따라 발생한 지역 불균형 문제와 그 미래를 생각해 보도록 하겠습니다.

인류 최초의 도시는 중앙아시아의 메소포타미아문명에서 시작되었습니다. 오늘날 중동의 이라크에 해당하는 이 지방의 남쪽에는 수메르인들이 살고 있었습니다. 이들은 찬란한 고대문명을 이루었는데 농업을 바탕으로 정착 생활을 시작했던 이들이 살던 마을은 점점 커져서 도시가 됩니다. 기원전 2500년경에는 이 지방에 30여 개의 도시가 생겼다고 합니다.

수메르인들은 밀과 보리 같은 곡물과 대추를 재배했고, 도시에는 이를 사고 파는 시장과 상인, 금속을 가공하는 장인들이 있었습니다. 도시마다 서로 다른 신을 믿고 법도 달랐으며 영토를 둘러싼 도시 간의 전쟁도 자주 일어났습니다.

문명의 발달에 따라 도시는 성장하고 또 쇠퇴하기도 합니다. 그리스와 로마의 고대 도시, 중세 유럽의 중세 도시, 산업혁명과 함께 등장한 근대 도시처럼 사회가 크게 변화할 때마다 중심이 되는 도시와 그 구조 및 형태 또한 크게 바뀌어 왔습니다.

도시를 유지하기 위해 필요한 배후 지역

도시의 모습은 시대에 따라 바뀌어 왔습니다. 그런데 어떤 형태의 도시든 많은 인구를 먹여 살릴 식량을 주변의 농촌에서 거두어 들여와야 합니다. 다만 오늘날의 도시는 에너지, 물, 음식, 쓰레기 등 도시를 유지하기 위한 다양한 자원과 부산물 등을 눈에 띄지 않게 운송하고 처리합니다. 그래서 사람들은 도시를 뒷받침하는 데 얼마나 많은 노력이 필요한지 체감하기 어렵습니다.

예를 들어 냉장고란 것이 없었던 중세의 도시 변두리에서는 근처 시골에서 키우던 가축을 몰고 와서는 식량으로 판매하기 위해 도살하는 장면을 쉽게 볼 수 있었습니다. 오늘날 우리가 즐겨 먹는 소고기, 돼지고기, 닭고기는 세계 각국에서 수입되어 우리가 보지 못하는 곳에서 처리된 후 예쁘게 포장되어 마트의 육류 코너에 오릅니다.

다양한 농·축산물이 마치 공장에서 대량 생산된 제품들처럼 대형 마트의 한 자리를 차지하고 있습니다. 요즘 온라인 새벽 배송으로 식재료를 주문하면 마법처럼 빠르게 내 집 앞에 도착합니다. 하지만 사람들은 그런 것들이 생산되고 운반되는 과정에는 관심이 없습니다.

서울 주변의 수도권 지역에는 다양한 도시가 있습니다. 한 도시가 거대하게 성장하면 작은 도시들이 그 주변에 생겨납니다. 또한 도시들을 먹여 살리기 위한 더 큰 면적의 변두리 지역이 생겨납니다. 도시를 작은 점이라고 생각해 봅시다. 점의 크기는 주변의 것들을 빨아들이며 점점 더 커져 가고 그러면 도시를 유지하는 데 필요한 주변 지역도 넓어집니다. 이런 과정을 거치면서 도시와 농촌 간 격차, 수도권과 비수도권 사이의 격차도 점점 더 벌어지게 됩니다.

현재 우리나라 인구의 90퍼센트 이상이 도시에서 살아가고 있습니다. 그중에서도 절반 이상이 대한민국 전체 면적의 10퍼센트가 조금 넘을 뿐인 수도권에 집중되어 있습니다. 이로 인해 많은 문제가 생겨나고 있습니다. 교육, 문화, 교통 등 각 분야에서 서울과 지방 사이의 격차는 점점 더 벌어지고 있습니다. 앞으로도 이런 불균형이 지속될까요? 미래에는 새로운 변화가 일어날까요?

메가시티와 메가슬럼

국제연합에 따르면 2030년까지 전 세계 인구의 3분의 2가 도시 지역에 거주할 것으로 예측됩니다. 더 나은 일자리와 임금을 찾아 농촌에서 도시로 이동하는 인구가 크게 늘어날 것입니다. 이에 따라 도시는 더 많은 경제적 가치를 창출하면서 커질 것입니다. 세계적인 시장 조사 및 컨설팅 전문 기업인 프로스트 앤 설리번Frost & Sullivan은 미래 도시의 모습은 메가시티megacity와 메가슬럼megaslum이 주가 될 것이라고 예측했습니다.

거대한 도시의 경제 규모는 한 국가와 맞먹을 수 있습니다. 예를 들어 도쿄의 GDP는 3조 1,000억 달러로 이는 우리나라 GDP와 비슷한 수준이며 전 세계 국가 순위와 비교하면 세계에서 열네 번째 경제 규모를 가진 나라라고도 할 수 있습니다. 프로스트 앤 설리번에서는 인구 800만 이상이면서 GDP 2,500억 달러 이상의 도시를 메가시티라고 부릅니다. 2025년까지 세계적으로 30개 이상의 메가시티가 생겨날 것이며, 특히 중국에 집중될 것으로 예측합니다.

급격한 인구 증가는 주로 아시아와 아프리카에서 이루어질 것이지만 선진국도 예외는 아닙니다. 국제연합은 2020년부터 선진국 인구 증가의 주요 원인이 출산이 아닌 이주가 될 것으로 기대하고 있습니다. 선진국에서는 이민이 늘어나는 인구의 80퍼센트 이상을 차지한다고 추정합니다.

여러 개의 메가시티는 서로 연결되어 도시를 더욱 넓힐 것입니다. 이렇게 형성된 지역에서는 전례 없는 규모의 경제활동이 일어날 것입니다. 이러한 지역들을 연결하는 새로운 도로, 철도, 공항 및 물류의 중심지가 개발되면서 지역 간 경제 교류를 더욱 촉진할 것입니다. 기술은 발달하고 경쟁은 더 치열해질 것입니다. 도시는 하늘 끝까지 닿는 건물들로 가득 찰 것입니다. 도시는 물리적 경계가 없지만 마치 바다에 떠 있는 거대한 섬들처럼 보일 것입니다.

메가시티는 전 세계 기업의 혁신과 경제성장의 중심이 될 것이지만 특정 도시에 첨단 산업이 집중되면 역설적인 현상이 생깁니다. 도시 주변 지역에는 거대한 빈민가인 메가슬럼이 형성될 것입니다.

메가슬럼이란 일정 면적약 3.9제곱킬로미터에 일정약 100만 명 이상의 빈곤층이 거주하는 지역을 뜻합니다. 도시 지역에 거주할 능력이 되지 않는 저소득층은 도시에 제공되는 각종 편의 시설을 누리지 못하는 지역으로 밀려날 것이고 그에 따라 도시 주변으로 고밀도의 무질서한 구역이 형성될 것입니다. 이렇게 생긴 빈민가는 도시에서 쫓겨난 빈민을 계속 수용할 것입니다. 아프리카 케냐의 수도 나이로비에 있는 빈민가 키베라Kibera는 현재 세계에서 가장 큰 메가슬럼으로, 무려 220만 명이 살고 있는 것으로 추정됩니다.

2025년경에는 전 세계 인구의 약 22퍼센트가 빈민가에 살 것으로 예측됩니다. 아시아에서는 전체 인구의 절반, 아프리카에서는 인구의 70퍼센트, 라오스 같은 경우는 전체 인구의 4분의 3이상을 빈민층이 차지할 것입니다. 이들을 위해서는 조립식 주택, 최소한의 위생을 보장할 수 있는 적절한 위생 및 급수 시스템, 저렴한 대용량 제품이 필요할 것입니다. 특히 하수와 쓰레기 처리 시스템은 빈민가의 필수이자 매우 중요한 지역이 될 것입니다.

케냐 나이로비의 빈민가 키베라는 현재 세계에서 가장 큰 메가슬럼입니다.

스마트한 기술이 지속 가능한 도시를 만들까?

도시화의 진행에 따라 예견되는 메가시티의 각종 문제를 어쩌면 스마트시티가 해결할 수 있을지도 모릅니다. 스마트시티는 첨단 정보통신 기술로 시민들이 쾌적한 일상을 누릴 수 있게 하는 '똑똑한 도시'를 뜻합니다. 도시 구성원들과 언제 어디서든 접속할 수 있는 네트워크가 도시 전체에 구축되어 있는 것이 특징입니다. 스마트시티에서는 인간의 신경망처럼 도시 전체에 깔려 있는 정보망으로 데이터를 수집해 교통 문제, 환경문제, 주거 문제 등 도시에서 생기는 각종 문제를 해결합니다.

세계 각국에서는 저마다 개념과 목표를 세우고 스마트시티를 추진하고 있습니다. 현재의 스마트시티는 일종의 도시 개발 사업이나 국가의 전략적 수출 상품의 측면으로 인식되기도 합니다. 하지만 각국의 스마트시티가 지향하는 공통된 목표는 지속 가능성입니다. 장기적인 경제적 지속 가능성을 창출하고, 시민들에게 안전, 자원, 보안 및 환경에 대한 지속 가능성을 보장하는 것입니다. 따라서 우리는 이러한 지속 가능의 관점에서 현재 보이는 모습의 스마트시티보다 미래의 가능성을 눈여겨볼 필요가 있습니다.

요컨대 스마트시티는 첨단 정보통신 기술을 생활의 여러 측면에 통합해 에너지 생산과 사용의 효율성을 추구하고 친환경적으로 지

스마트시티에는 첨단 정보통신 기술이 도시 전체에 구축되어 언제 어디서든 네트워크에 접속할 수 있습니다.

속 가능한 삶을 유지하려고 하는 것입니다. 이에 따라 메가시티는 소규모 스마트시티들로 나뉘고, 각 도시들은 스마트 통신 기술로 유기적으로 연결되는 모습을 상상할 수 있습니다.

스마트시티는 메가시티가 가진 여러 문제를 해결할 수 있습니다. 예를 들면 비싼 물가를 피해 도시 외곽에 살며 매일 90분 이상 걸리는 장거리 통근길에 더 이상 시달리지 않는 것 등입니다. 이렇게 지속 가능한 도시가 유지되려면 스마트한 기술만큼 시민의 의식 개선과 자발적 참여가 중요합니다. 도시를 유지하는 데는 이를 위한 교육과 시민 참여 거버넌스 외에도 개인의 많은 노력이 필요합니다.

만약 도시가 사라진다면

여러분 중 대부분은 화려하고 편리한 도시의 삶을 벗어나는 것을 상상하기 어렵겠지만 여러분의 부모님 중에는 은퇴하고 전원생활을 꿈꾸는 분들도 있습니다. 혹시 도시가 아예 존재하지 않는 미래도 상상해 볼 수 있을까요?

이는 가능성은 낮지만 꼭 고려해 봐야 할 미래의 모습입니다. 과거 우리나라는 1950년 한국전쟁 이후 그야말로 잿더미 속에서 불과 60여 년 만에 세계 10위 안에 드는 경제대국으로 성장했습니다. 처음부터 이를 예측한 사람은 거의 없었습니다. 반대로 생각해 보면 그 반대의 상황이 펼쳐지지 않으리라는 법도 없지 않을까요?

실제로 도시의 해체가 이루어진다면 이는 커다란 사건 때문일 것입니다. 전쟁, 전염병과 같은 재난이나 자연재해로 도시가 사라질 수도 있겠죠. 남북한의 관계가 악화되어 전쟁이 일어나거나, 사스, 메르스, 신종 코로나 바이러스 감염증보다 더 위험하고 전염성이 강한 질병이 발생했는데 치료제를 찾을 수 없다면 어떨까요? 러시아 체르노빌과 일본 후쿠시마에서 일어난 것과 같은 원전 사고가 연달아 발생한다면, 슈퍼 태풍이나 대형 쓰나미가 일어난다면 어떨까요? 이러한 사건을 잘 극복하는 데 실패한다면 우리나라의 전부 또는 일부 지역은 지금과 같은 도시 구조를 유지할 수 없을 것입니다.

도시가 사라진다면 소규모 마을 공동체의 느슨한 결합이 그 자리를 대신할 수 있을까요? 지금까지 우리가 누렸던 풍요로운 세상과 그것을 뒷받침하는 첨단 기술은 모두 사라지고 약육강식이 지배하는 상황이 펼쳐질지도 모릅니다. 우리가 그동안 너무나도 당연하게 여겼던 것들을 제공받지 못하는 야생과도 같은 삶이 펼쳐질 수 있습니다.

하지만 야생에서는 가진 동물과 가지지 못한 동물의 구분이 없습니다. 빈부의 격차는 줄어들고, 남보다 더 가지려 치열하게 경쟁할 필요도 없는 만큼 삶의 여유가 더 늘어날 수도 있습니다. 세상에서 가장 행복 지수가 높다는 네팔인의 삶을 보면 경제적 풍요와 행복은 비례하지 않을 수 있다는 생각도 듭니다. 이러한 마을 공동체에서의 삶은 기존의 도시의 삶과 크게 다를뿐더러 기존 도시에서 유리한 고지를 차지했던 사람들이 이곳에서도 그러기는 쉽지 않을 것입니다.

어떤 도시를 만들어 가야 할까?

지금 도시에서 살아가는 사람들은 농촌에 많은 무형의 빚을 지고 있습니다. 산업구조가 변함에 따라서 도시민과 농촌의 소득 격차도 심각합니다. 그렇다고 모든 농민이 농사를 포기하고 도시로 이주해 새로운 직업을 갖기도 어려울 뿐더러 가능하다고 할지라도 많은 새로운 문제가 발생할 것입니다.

변화는 점진적이면서도 모두에게 좋은 방향으로 일어나야 합니다. 도시와 농촌에 사는 사람들이 서로를 이해하려 노력하는 것이 그 출발점이 될 수 있을 것입니다. 앞서 말한 다양한 미래의 가능성에 대해서 고민하고 어떤 방향으로 나아가는 것이 도시와 농촌의 간극을 줄일 수 있는지, 모두의 바람을 만족할 수 있는 새로운 대안은 없는지 모두 함께 찾아보고, 이를 실현하기 위해 서로 교류하고 협력해야 할 것입니다.

직접 해보는 미래 예측

미래를 예측하는 것은 미래를 정확히 맞히는 것이 아니라 미래의 다양한 상황을 고려해 보는 것에 가깝습니다. 우리는 하루에도 몇 번씩 횡단보도를 건너곤 합니다. 이 단순한 행동도 변화에 대한 관찰과 예측, 그에 따른 판단이라는 과정으로 나눌 수 있습니다. 멀리서 차가 한 대 오고 있습니다현재의 변화 관찰. 차의 속도를 대충 계산해 봅니다. '차가 천천히 오고 나는 빨리 건널 수 있으니 별일 없겠지?' '차가 갑자기 속도를 빨리 하면 어쩌지?' 짧은 순간에 이런저런 생각이 머릿속을 스칩니다다양한 미래 상황 예측. 그러다가 안전하다고 느껴질 때 우리는 길을 건넙니다예측 결과에 따른 판단. 이처럼 미래 예측은 올바른 행동안전하게 길을 건너는 것을 결정하는 데 꼭 필요합니다. 우리가 소망하는 미래의 방향을 제시해 현실에서 한 걸음 앞으로 내디딜 힘을 주기도 합니다.

STEEP이란 사회Society, 기술Technology, 경제Economy, 환경Environment, 정치Politics의 머리글자를 따 만들어 낸 낱말입니다. 복잡한 세상을 STEEP의 5개 영역으로 구분하면 분석하기 훨씬 쉬워집니다. 그리고 미래에 생길 문제를 찾거나 미래를 변화시키는 힘을 찾아내는 데 사용할 수 있습니다.

미래는 정답이 있는 것이 아니므로 각자 다른 생각과 방법으로 예측할 수 있으며 그 결과는 모두 나름의 의미가 있습니다.

· 1단계: 예측할 대상을 정하기

미래를 예측하려면 첫 번째로 그 대상을 정해야 합니다. 나의 미래, 우리나라의 미래, 유망한 미래 직업 등 무엇의 미래를 예측할 것인지 정합니다. 두 번째로 어느 시점의 미래를 예측할 것인지 기간을 정합니다. 가까운 10년 뒤의 미래도 좋고 더 먼 미래도 좋습니다. 마지막으로 예측 결과를 어떻게 활용할 것인지를 정합니다. 예를 들어 앞으로 진학할 대학교의 학과나 직업을 선택할 때 활용할 수 있을 것입니다.

예를 들어 여러분이 좋아하는 게임의 미래를 함께 예측해 보겠습니다. 학교를 졸업하고 직장 생활을 할 무렵인 20년 뒤 게임과 게임 산업이 어떻게 변할지 생각해 볼까요? 이를 바탕으로 여러분의 진로를 더욱 구체적으로 설계할 수 있을 것입니다.

· 2단계: 과거와 현재의 변화 관찰하기

미래를 예측하기 위해서는 과거로부터 현재에 이르는 변화를 살펴보는 것이 우선입니다. 게임의 미래를 본격적으로 상상하기 앞서 게임의 역사를 간략하게 조사해 볼까요? 1958년 최초의 컴퓨터 게임이 탄생했고, 1970년대에는 전자오락실에서 할 수 있는 아케이드 게임이 등장했습니다. 1980년대에는 콘솔 게임이 출시되어 가정에서도 게임을 즐길 수 있게 되었고 이에 따라 게임 산업이 커졌습니다. 1990년대에 이르러서는 컴퓨터 온라인 게임이 등장했고, 2010년 이후에는 스마트폰으로 즐기는 모바일 게임이 다양하게 출시되었습니다.

이제 지금까지 게임의 발달에 영향을 준 요인들을 STEEP으로 나누어 몇 가지 생각해 봅니다. 각 분야별로 빠뜨리지 않고 최소 두 가지 이상은 적어야 합니다. 예를 들어 사회 분야에서는 1인 가구의 증가, 교육 방식의 변화, 게임의 인기가 높은 문화 등을 생각해 볼 수 있습니다. 기술 분야에서는 스마트폰 등의 정보통신 기술과 SNS의 발달을, 정치 분야에서는 게임 산업을 장려하거나 규제하는 정책 등을 생각해 볼 수 있습니다. 사람에 따라 중요하게 여기는 요소가 다를 수 있으므로 결과는 달라질 수 있습니다.

• 3단계: 미래의 변화 예측해 보기

현재까지 일어난 일을 STEEP으로 나누어 정리했다면 그중에서 미래에 중요하게 작용할 변화의 동력을 2~4개 고르세요. 앞서 정리한 것 말고 아예 새롭게 만들어 내도 좋습니다. 최대한 다양한 분야에서 선택하면 좋습니다. 그 동력의 영향으로 각 분야가 앞으로 어떻게 변화할지, 다양한 사건과 상황을 현재부터 미래까지 적당한 시간 간격을 두고 자유롭게 생각해 봅니다. 이때 언뜻 생각하기에 황당한 사건도 생각해 볼 수 있습니다. 다음은 정리한 결과의 예시입니다.

변화의 동력	시간의 흐름		
	현재	2030년	2040년
과학기술	모바일 기술의 발달	8K 고해상도 화면 보편화	뇌파로 조종하는 컴퓨터
SNS	사람들이 SNS를 많이 이용함	사람과 직접 만나는 대신 SNS으로 소통	완전 가상현실 SN
게임을 대하는 사회 분위기	게임 산업의 성장	게임 산업이 더욱 활성화 게임이 교육을 대체	일상의 모든 활동이 게임화
인구변화	출산율 최저	고령 인구 증가	1인 가구가 더욱 급증

이를 정리해 최종적으로 미래를 예측합니다. 한 가지 미래만 생각하는 것이 아니라 긍정적인 미래, 부정적인 미래, 중립적인 미래 등 다양한 미래를 예측해 봅니다. 예측 결과를 정리하는 방법은 미래 사회의 STEEP별 특성을 적어 보거나 각 특성을 반영한 미래 시나리오를 쓰는 것입니다. 많은 고민과 시간을 할애할수록 더 깊이 있는 시나리오를 쓸 수 있을 것입니다.

- 4단계: 미래에 대비하는 나만의 계획 세우기

미래 시나리오를 작성한 뒤에는 각각의 시나리오에 대응하는 전략과 계획을 세웁니다. 만약 게임 개발자가 되려는 꿈이 있다면 앞으로 무엇을 공부해야 할지, 혹시 게임 산업의 상황이 좋지 않은 미래가 닥쳐온다면 어떻게 대비해야 할지 등을 미리 생각할 수 있습니다. 미래 시나리오에 맞추어 내 꿈을 이루기 위한 계획을 5년 단위로 작성해 보는 것도 꿈의 실현에 도움이 될 수 있습니다. 미래는 고정된 것이 아니라 계속해서 변하고 있으므로 항상 미래에 관심을 가지고 앞선 과정을 반복해서 연습하는 것이 중요합니다.

참고 자료

도서

- 마틴 포드 지음, 이창희 옮김, 《로봇의 부상》, 세종서적, 2016
- 배명훈 지음, 《타워》, 문학과지성사, 2020
- 조지 오웰 지음, 김기혁 옮김, 《1984》, 문학동네, 2009
- 아서 C. 클라크 지음, 정영목 옮김, 《낙원의 샘》, 시공사, 1999
- 올더스 헉슬리 지음, 이덕형 옮김, 《멋진 신세계》, 문예출판사, 1998
- 유발 하라리 지음, 조현욱 옮김, 《사피엔스》, 김영사, 2015
- 케빈 켈리 지음, 이한음 옮김, 《인에비터블 미래의 정체》, 청림출판, 2017
- 피터 노왁 지음, 김유미 옮김, 《HUMANS 휴먼 3.0》, 새로운현재, 2015
- 황윤하, 박기홍 지음, 《십대를 위한 미래 진로 교실》, 푸른지식, 2017
- David H. Kaplan, Steven R. Holloway, James O. Wheeler 지음, 김학훈, 이상율, 김감영, 정희선 옮김, 《도시지리학》, 시그마프레스, 2016
- Nick Bostrom, 《The Transhumanist FAQ》, World Transhumanist Association, 2003

보고서

- 산업통상부(2019). <미래 자동차 산업 발전 전략>
- 서울시 서울정책아카이브(2016). <메가시티가 지속가능할 수 있는가?>
- 소프트웨어정책연구소(2017). <자율주행자동차 시장 및 정책 동향>
- 주택산업연구원(2016). <미래주거트렌드 연구>
- IPCC(2014). <기후변화 2014 종합보고서>

논문

- 이수욱(2016), <청년 주거문제 완화를 위한 주택정책 방안> 국토정책 Brief, 제560호, 1-8.
- Bykov, D. E., et al(2017). Influence of plasticizer content on organoleptic, physico-chemical and strength characteristics of apple sauce-based edible film. Foods and Raw materials, 5(2).
- Ludwig, Ferdinand, et al(2019). Living bridges using aerial roots of ficus elastica-an interdisciplinary perspective. Scientific reports, 9(1), 1-11.
- Kinnaman, Thomas C., Takayoshi Shinkuma, and Masashi Yamamoto(2014). The socially optimal recycling rate: evidence from Japan. Journal of Environmental Economics and Management, 68(1), 54-70.

웹사이트

- 국토연구원 도시재생연구센터 세계도시정보
  http://ubin.krihs.re.kr/ubin/index.php
- 세계보건기구 미세먼지 농도 지표
  https://www.who.int/data/gho/data/indicators/indicator-details/GHO/concentrations-of-fine-particulate-matter-(pm2-5)
- 국제연합 식량농업기구 유튜브
  https://youtu.be/ucXz3EqzRLo
- 통계청 청소년 통계교실
  http://sti.kostat.go.kr/site2/pop_learning/learning_002002.html
- 대한민국 정책위키: 스마트시티
  http://www.korea.kr/special/policyCurationView.do?newsId=148863564
- 환경 성과 지수Environmental Performance Index
  https://epi.envirocenter.yale.edu
- 휴머니티+
  https://humanityplus.org

교과 연계

중학교

사회 1

I. 내가 사는 세계

1. 위치와 인간 생활

3. 지리 정보의 이용

II. 우리와 다른 기후, 다른 생활

1. 세계 기후 지역

V. 지구 곳곳에서 일어나는 자연재해

1. 자연재해 발생 지역

2. 자연재해와 주민 생활

3. 자연재해 대응 방안

VI. 자원을 둘러싼 경쟁과 갈등

2. 자원과 주민 생활

3. 지속 가능한 자원 개발

VII. 개인과 사회생활

3. 사회 집단과 차별

XII. 사회 변동과 사회 문제

1. 현대 사회의 변동

2. 한국 사회 변동의 최근 경향

3. 현대 사회의 사회 문제

사회 2

I. 인권과 헌법

1. 인권 보장과 기본권

VII. 인구 변화와 인구 문제

1. 인구 분포

2. 인구 이동

3. 인구 문제

VIII. 사람이 만든 삶터, 도시

1. 도시의 형성과 내부 구조

2. 선진국과 개발 도상국의 도시화

3. 살기 좋은 도시

X. 환경 문제와 지속 가능한 발전

1. 전 지구적 차원의 기후 변화

2. 환경 문제 유발 산업의 국가 간 이전

3. 생활 속의 환경 이슈

XII. 더불어 사는 세계

2. 저개발국의 발전 노력

3. 지역 간 불평등 완화 노력

고등학교

통합사회

II. 자연환경과 인간

3. 환경 문제의 해결을 위한 노력

III. 생활 공간과 사회

1. 산업화와 도시화

2. 교통·통신의 발달과 정보화

VI. 사회 정의와 불평등

3. 불평등의 해결과 정의의 실현

IX. 미래와 지속 가능한 삶

1. 세계의 인구와 인구 문제

2. 세계의 자원과 지속 가능한 발전

3. 미래 지구촌의 모습과 내 삶의 방향

사회문화

IV. 사회 계층과 불평등

V. 현대의 사회 변동

한국지리

IV. 거주 공간의 변화와 지역 개발

V. 생산과 소비의 공간

VI. 인구 변화와 다문화 공간

세계지리

II. 세계의 자연환경과 인간 생활

VIII. 공존과 평화의 세계

찾아보기

2040년이 보이는

미래 사회 설명서 2

초연결사회의 도시와 주거

초판 1쇄 2020년 5월 22일
초판 2쇄 2021년 7월 5일

지은이 박기홍

펴낸이 김한청
기획편집 원경은 차언조 양희우
마케팅 최지애 설채린 권희
디자인 이성아
경영전략 최원준

펴낸곳 도서출판 다른
출판등록 2004년 9월 2일 제2013-000194호
주소 서울시 마포구 동교로27길 3-12 N빌딩 2층
전화 02-3143-6478 **팩스** 02-3143-6479 **이메일** khc15968@hanmail.net
블로그 blog.naver.com/darun_pub **페이스북** /darunpublishers

ISBN 979-11-5633-287-9 44300
979-11-5633-285-5 (세트)